신(神)들과 씨름하다

– 목회상담사의 지상 과제 –

학지사

Taking on the Gods:
The task of the Pastoral Counselor
by Merle R. Jordan

신(神)들과 씨름하다

목회상담사의 지상 과제

Merle R. Jordan 저 | 권수영 역

학지사

역자 서문

이미 1990년대에 들어서면서 북미와 유럽의 심리치료와 가족치료 분야 전문가들은 개인과 가족의 영성spirituality에 대한 지대한 관심을 드러냈다. 이는 단순히 종교적 신앙을 가진 임상가들이 증가하면서 생긴 부차적인 현상이거나, 특정한 종교를 가진 내담자들을 위한 임상적 배려의 차원이 아니다. 개인과 가족이 가진 '심리적인psychological' 문제들이 그들의 '영적인spiritual' 문제와 결코 동떨어진 것이 아니라는 자각과 관련된 필연적인 임상적 귀결이라는 점은 주목할 만하다. 더 이상 종교성과 영성의 문제를 임상적이고 치료적인 과정과 무관하다고 주장하거나, 그래서 이것을 다루는 것이 전적으로 종교적 성직자나 목회자들의 몫이라고 떠넘기는 것은 매우 무책임한 임상적 발상임은 분명하다. 최근 한국도 예외가 아니어서 각종 치료 및 상담전문가들에게 영성이나 종교성 주제에 대한 연구와 임상적인 관심이 증대되고 있다.

그래서 1950년대부터 시작하여 종교성과 신앙적 신념체계에 대한 임상적 접근을 담당해 온 목회상담 전문가들의 과제가 여러모로 중요해졌건만, 전통적으로 북미의 목회상담 전문가들은 역으로 심층적이고 정신분석적인 접근에 집중하거나, 아니면 보수적인 기독교상담사들은 오직 종교적인 신념을 강화시키는 지극히 신앙적인 접근으로 심리적인 해석 자체에 대한 거부감을 드러내기도 하였다. 목회상담사들의 중차대한 임상적인 과제가 심리치료나 가족치료와 같은 치료 및 상담의 분야에서 자신만이 공헌할 수 있는 제 기능을 다하지 못하고, 오히려 심리치료와 가족치료의 체계를 불안하게 답습하는 데 그치고 있을 때, 이를 안타까운 마음으로 지적하고 가장 명확한 목소리로 새로운 비전을 제공한 목회상담학계의 고전이 바로 Merle R. Jordan의 *Taking on the Gods*(1986)다. 그래서 그는 책의 부제에서 자신의 저술 목적이 '목회상담사의 지상 과제The Task of the Pastoral Counselor'를 제안하고자 함을 분명히 밝힌다.

역자는 1990년대 초 미국에서 목회상담학 분야에 입문하였고, 1992년 미국 보스턴 대학교에서 처음으로 Merle Jordan 교수를 만났다. 이미 막 은퇴를 한 그였지만, 다행히 매 학기 개설되는 그의 과목을 빠짐없이 수강했다. 그때 그의 대표적인 저서인 *Taking on the Gods*를 접한 것이 내게는 지금껏 이 분야에서 훈련받고 연구하며 교수생활을 하게 된 주된 계기가 되었다. 지난 20년간의 학문적이고 임상적인 여정에서 만난 귀한 선생님들, 소중한 책들도 많이 있지만, 지금껏 내 연구와 임상의 순례에서 첫 단추를 끼우게 된 Jordan 선생님의 명료한 책은 여러 해가 지나도 더욱더 가슴에 울림을 주고 감사의 여운을 증폭시켜 왔다. 나는 때때로 내가 목회상담학 분야에 입문하면서 이 책을 읽지 않았다면 지금의 나는 어떤 모습일까를 상상해 본다. 아마도 지금처럼 학문함에 있어서 기쁨에 겨워 벅찬 소망에 기대어 남다른 임상적 비전을 가지면서 이 일을 행하지 못하였을 것임에 분명하다. 목회상담 분야에 입문하여 10년이 되어 갈 때쯤 나는 박사과정을 밟아 가면서 Lloyd Center라는 미국 서부의 한 목회상담 임상기관에서 인턴과 레지던트 과정을 밟은 적이 있다. 미국 목회상담학의 대부로 불리는 Seward Hiltner의 마지막 제자였던 Sandra Brown 교수가 소장으로 있던 그 센터에서 맨 먼저 필독서로 읽도록 한 책도 바로 Jordan 교수의 이 책이었다. 나는 그때 10년 전 보스턴 대학교 도서관에서 밑줄 그으면서 읽던 문자의 내용이 이제 실제적인 숨결을 담아 살아나면서 좁은 상담실 안의 나와 내담자 사이에서 새롭게 부활하는 것을 체험하였다. "맞아, 맞아."를 연발하다가 나중에는 "아멘, 아멘."을 연발하게 되던 실로 영적인 체험이었다.

오늘의 나를 있게 한 책을 하나 고르라면 맨 먼저 고르고 싶은 이 책을 같은 순례에 오르고 있는 후학을 위하여 번역한다는 것 자체가 가슴 벅찬 일이다. 내용이 방대하지 않고, 쉽고도 간결하게 쓰인 책이건만 번역하는 데에 많은 세월이 흘렀다. 귀국한 지 7년이 넘어가면서 가지게 된 연구년 기간 중 번역을 위해 다시 읽은 이 책은 이번에도 어김없이 새로운 깨달음과 미래에 대한 용기를 내게 주었다. 독자들도 역자와 동일한 경험을 하게 되기를 기대한다. 특히 신학에 익숙지 않은 독자들도 신학이라는 학문에 대한 편견을 버리고, 각자가 만나는 내담자들을 위하여 Jordan 교수가 제시하는 '신학적 경청theological listening'을 시도한다면 우리 모두는 내담자의 신념과 세계관, 감정과 행위에 대하여 보다 통전적인 시각을 가지게 될 것이다.

역자는 기독교상담과 목회상담 분야에 종사하는 전문가들은 물론, 심리치료와 가족치료 분야에서 전문가로 활동하는 동역자들에게도 이 역서의 일독을 강력하게 권하고 싶다. Jordan 교수의 주장대로 모든 치료체계가 임상적으로 신학적일 수밖에 없음을 깨닫게 된다면, 그래서 자신에 대한 인식이 자신을 향한 '집안 신들household gods'의 평가처럼 인식되는 쌍둥이 같은 이중적 표상체계를 이해하게 된다면, 또는 가족 안에서 얽혀져 있는 역동이 마치 가족 전체의 구원을 위하여 누군가의 희생을 양산하는 종교적 드라마임을 읽을 수 있는 통찰력을 가지게 된다면, 우리는 치료와 회복을 보다 온전하게 완성해 가는 전문가로 거듭나게 될 것으로 확신하기 때문이다. 아직도 영성과 심리학의 통합적인 접목과 목회상담 방법론에 대한 연구와 강연을 쉬지 않는 노교수의 건강을 빌면서, 속히 옛 선생님 Merle R. Jordan 교수께 이 책과 함께 앞으로도 나와 같은 한국의 많은 목회상담학도들이 그분과 같은 꿈을 꾸리라는 기쁜 소식을 전하고 싶다.

2010년

연세대학교 신학관 연구실에서

권수영

저자 서문

이 책은 신경증적으로 헝클어지고 우상숭배에도 매어 달리게 되었다가, 결국 대속의 순간을 경험하게 되는 나의 내면적 순례의 이야기다. 이 여정에 나는 거짓 신들false gods과 거짓 자기false self로부터 점차적으로 그리스도 안에서 사랑하고 인정하여 주시는 하나님께 대한 더욱 굳건한 신앙과 그 결과 은혜의 선물을 수용하고 나 자신됨selfhood의 확신을 가질 수 있었다. 나에게 있어서 나의 역사를 지속적인 영적 순례의 결과물로서 이해하는 것은 매우 중요한 인생과업이었다. 그 가운데 나는 다른 영적 순례자들을 공감과 사랑으로써 돌볼 수 있게 되었다. 몇 해 전에 나는 개인적인 일기를 다음과 같은 글로 시작했다.

"나의 소명은 심리치료psychotherapy를 심리-영적psycho-spiritual, 혹은 작용적 신학의 관점operational theology point of view으로 해석하는 사역에 있다. 이는 사람들이 궁극적인 중요성을 가진 것처럼 보이는 자원들과 권위들로부터 배워서 세계와 하나님, 그리고 자기와 타인에 관하여 가지게 되는 왜곡되고 자기 파괴적인 지각에 대항하여 기독교적 계시를 교정적인 세계관corrective world view으로 새롭게 규정하는 것이다. 이는 예수 그리스도 안에서 계시된 거룩한 사랑의 이름으로 시대에 뒤떨어진 현실인식에 근거한 전이의 왜곡transference distortions을 밝게 드러내는 것이다."

나는 나의 여정에 공헌하며 이 책의 출간을 가능하게 했던 분들에게 진심으로 감사한다. 여러 해 동안 다양한 심리치료학파와 종교 전통을 대표하는 나의 치료사들은 나의 신경증적인 우상숭배를 대속적인 사랑으로 바꾸어 놓는 데 큰 도움을 주었다. 그들은 특별히 말씀이 된 육신으로 나에게 감명을 주었다. 어둠 속에서 빛을 찾아 함께 순례를 떠났던 내담자들 또한 중요한 스승이었다. 내게 지도감독을 받았던 수련상담사들도 작용적 신학에 대한 나의 임상적인 생각에 대하여 논의하는 일에 즐거움과 도전, 그리고 자극을 주었다. 또한 동료들과 친구들은 나의 목회상담 사역에 있어서 상호적인 교류, 지적인 도전과 정서적인 격려의 기회들을 제공하였다.

나는 특히 보스턴 대학교 신학대학원과 다니엘슨 연구소Danielsen Institute의 동료들, 남해안목회상담센터South Shore Pastoral Counseling Associates의 직원들과 작용적 신학에 대한 개척자적인 논의를 제공한 Calvin Turley와 Carroll Wright에게 특별히 감사함을 표하고 싶다. 글을 쓰는 과정 중에, Howard Clinebell, Howard Stone 그리고 Ruth Cary는 유용한 편집적 제안을 해 주었다. 매사추세츠 주의 Gloucester의 종교적 공동체인 Wellspring의 친구들은 제목을 제시해 주었다.

이 책을 준비하는 데 있어서, 여러 해 동안 내 생각과 신념 그리고 가치들에 공헌한 사람들 모두에게 감사를 표현하는 것은 불가능하겠지만, 나는 인간적이면서도 신적인 사랑을 통해서 나의 신념과 삶, 나의 목회상담 사역을 창조적으로 변화시킨 이들 모두에게 간단한 감사라도 전하고 싶다. 나는 풍성한 사랑과 돌봄으로 이 책이 나오기까지 꼭 필요한 공간을 만들어 준 아내 Barbara에게 감사한다. 마지막으로 나는 안식년을 통하여 이 책의 출간에 집중할 수 있게 배려해 준 보스턴 대학교 신학대학원에 감사를 표한다.

이곳에서 사용된 용어들은 양쪽 성 모두를 포함하고 있기는 하지만, 아쉽게도 몇몇 인용들은 예외적으로 남성적인 술어로만 사용될 수도 있음을 밝힌다.

Merle R. Jordan

C·O·N·T·E·N·T·S

Taking
On the
Gods

Chapter 1

신(神)들과의 만남으로서의 목회상담

Chapter 1

Taking on the Gods

신(神)들과의 만남으로서의 목회상담

그러나 너희가 그때에는 하나님을 알지 못하여 본질상 하나님이 아닌 자들에게 종 노릇 하였더니 이제는 너희가 하나님을 알뿐더러 하나님의 아신 바 되었거늘 어찌하여 다시 약하고 천한 초등학문으로 돌아가서 다시 저희에게 종 노릇 하려 하느냐?(갈 4:8-9)

서론

목회상담은 꾸준한 발전에도 불구하고 아직도 임상현실 가운데로 신학이라는 기초학문을 통합시키기 위하여 분투하고 있다. 목회상담사들은 지나치게 엄격하여 심리학적이 되거나 아니면 순수한 종교적 시각만을 고수하는 모습을 자주 발견하게 된다. 이러한 상담사들은 "오랜 세월 동안 끝을 헤아릴 수 없는 무연탄지대에서 캠핑하면서, 잔가지를 모아 몸을 덥히는 일에 엄청난 노력과 정열을 소비한 펜실베이니아 인디언"[1]을 연상시킨다. 그들은 내담자의 요구에 부응하는 데 필요한 신학적 시각이라는 풍부한 자원에 대한 탐구가 없었다는 점에서 그러하다.

어떤 목회상담사들은 종교적 전통에서부터 내담자를 돕기 위하여 어떠한 독특한 자원도 활용하지 않는 치료사therapist로서 그들 자신의 정체성을 명확하게 견지한다. 오히려 어떤 전문가들은 '진실로 사람을 돕는' 방법으로써 세속적인 임상 이론과 실제로 무장하고, 돕는 자원의 부족을 이유로 목회적인 전통을 거부한다. 나는 신학적 관점이 '썰렁한 현상plop phenomenon'의 희생양이 되는 임상사례 모임을 보아 왔다. 다시 말해, 신학적 관점은 임상사역에 부적절하다고 여겨지기 때문에 종교적인 질문이나 언급이 어색한 침묵, 즉 썰렁함을 만드는 침체현상을 가져왔다는 것이다. 이에 Charles Gerkin의 지적대로 "목회자들이 기독교 전통과 언어에 근거한 뿌리를 잃어버릴 만큼 목회상담이 심리치료에 흡수되어 버린 현실에 대한 하나의 대안을 제공해야 한다."[2]는 필요성에 대한 경고에 귀 기울여야 한다.

아이러니컬하게도, 목회상담사들이 그들의 신학적인 기초를 거부하는 동안, 많은 세속적인 치료사들은 그들의 임상영역에서 영적인 자원과 신학적 관점으로 전향하고 있다는 점이다. 주요 전문가협회들은 그들의 전국 및 지역학회에서 영성과 종교적 의미의 다양한 측면에 대한 워크숍이나 논문발표를 진행하고 있다. 내가 심리치료에 있어서의 영적 전망이라는 주제를 가지고 미국심리치료학회American Academy of Psychotherapists를 위해 실시했던 워크숍에서 만난 한 세속치료사는 다음과 같이 간결하게 이야기했다. "때때로 심리치료에서 내담자의 건강하거나, 혹은 건강하지 못한 종교 경험과 신념체계를 적잖이 다루면서 내가 이것을 적절하게 작업하기 위해서는 신학 훈련을 꼭 받아야 한다고 느끼곤 한다." 내담자의 요구에 응답하기 위하여 일부 세속치료사들이 그들 자신을 신학적 관점과 영적인 자원을 필요로 하고 있는 아마추어 목회상담사로서 경험하고 있다는 점에서 이는 임상 세계에 있어서 놀랄 만한 변화다.

이 상황은 목회를 하는 일부 성직자들이 심방목회를 보잘것없고 효과 없는 사역이라고 포기했던 1950년대의 모습을 상기시킨다. 그와 같은 시기에 가족치료사들은 성직자들이 저버린 목회활동을 채용하고, 내담자들이 살고 있는 환경에서 그들을 관찰하기 위하여 내담자의 가정을 방문하기 시작했다는 점이다. 가정 방문이 가족치료사들을 위해 효과적이라고 판명되자, 목회자들은 목회적인 심방의 가치에 대해 그들의 이전의 시각을 전적으로 되돌렸다. 이제는 목회상담사들이 다른 사람들을 이해하고 돕는 일에 있어서 종교 자원을 이용하는 것을 더 이상 주저하지 않는다는 점에서 희망을 발견한다. Charles Gerkin은 목회상담에 대하여 다음과 같이 분명히 지적한 바 있다.

> 목회상담은 현대의 심리학적인 해석 방식들과의 교류를 통해

기독교적 해석으로 나아가는 근본적인 방향의 틀 안에서 이루어지는 인간 경험에 대한 해석 및 재해석의 과정이다. 이렇게 볼 때 목회상담의 가장 기본적인 도구들은 해석학적 도구들(hermeneutical tools)이다. 이때에 목회상담사는 기독교적 세계관이 제공하는 근본적인 이미지를 바탕으로 하여 자신이 기독교적 해석 방식의 대변자라는 자기의식을 가지고 해석한다. 이런 방식의 목회상담사는 기독교적 지향성을 지니고 있기 때문에 해석작용을 하면서도 개인적인 고통을 당하는 사람의 독특한 체험을 존중하며 따뜻하게 수용해 준다. 기독교적 신화 양식을 대변한다는 것은 기독교적 신화를 강요하는 강압적인 것이 아니다. 해석학적이고 철학적인 전통은 기독교적 해석의 대변자로서의 목회상담사와 자기 자신의 체험에 대해서 해석하는 해석자로서의 내담자가 어떻게 만날 수 있는지를 볼 수 있는 방법을 제공하며, 또한 언어와 경험세계 사이를 오가는 여러 암시점들을 잘 포착할 수 있게 해 준다. 심리치료의 세계에서 목회상담은 하나님의 인도하심 아래 인간의 삶이 어떠해야 하는가에 대한 기독교적 이미지의 규범적인 가치를 대변한다. 따라서 목회상담은 단지 신학세계를 볼 수 있는 중요한 창문일 뿐 아니라, 신학이 가질 수 있는 기독교적인 간증의 최고의 형태 중 하나인 것이다.[3]

신들과 씨름하는 일taking on the gods은 목회상담의 중요한 책임이다. 하나님으로 가장한 심리내면적인 구조와 힘, 이미지 등과 직면하는 일과 개인의 삶 속에 사랑, 믿음 그리고 소망을 안겨 주는 일,

그리하여 마침내 인간 실존의 지옥 같은 고통 속을 함께 걸어가신 예수 그리스도의 사역을 확장시키는 일이야말로 목회상담의 그 참된 복음적인 목적을 달성하는 전부라고 할 수 있다. 상담사가 내담자의 신들, 그리고 상담사 자신의 신들과 대결한다는 생각은 굉장히 오만해 보이거나 혹은 왠지 무안하면서도 경이로운 도전처럼 보일지도 모른다. 그럼에도 불구하고 신들과 씨름하는 일은 목회상담의 가장 중요한 심장이요, 혼과 같은 것이다.

경청의 관점

심리치료의 현장에서 '경청의 관점listening perspectives' 이라고 불리는 새로운 방향의 준거 틀frame of reference이 등장하였다.[4] 나는 정확한 경청의 관점을 달성하는 데 있어서 신학의 공헌을 강조하고 싶다. 신학적 경청의 관점이 제대로 사용되지 않을 때 자칫하면 내담자의 삶에 있어서 중요한 의미를 간과하게 된다. Lawrence E. Hedges는 치료적 경청에 대해서 다음과 같이 이야기한다.

> 치료적 경청이란 상대방의 말과 행동에 대한 신중하고 공감적 관찰에 기초하여 그 사람이 가지는 사적인 경험의 주관적 이해에 도달하는 것이다. 사람들은 자신들의 말과 행동을 이해받을 때 도움을 얻는다고 느끼기 때문에 심리치료사는 경청의 기술을 개발한다. 다른 사람들의 사적인 경험을 이해하려는 진지한 시도

> 들은 인간의 마음과 그 작용에 관해 다양하고 다른 인식들을 가져왔다. 심리학 이론들은 주로 정신적인 사건들, 과정들, 구조들과 상호작용 등 우리가 발견하게 되는 것들에 초점을 맞추어 주목하도록 짜 맞추어져 있다. 자주 분명치 않은 것은 경청하는 이의 주관적인 준거 틀이 자신이 들은 것들을 어느 정도로 결정하는지에 대한 인식이다.[5]

만일 상담사가 자신의 해방을 위해 찾아온 사람의 이야기에서 신학적인 의미를 듣는 것에 열려 있지 않으면, 상담사는 그 사람의 자유를 가로막는 장벽을 또 하나 추가하고 있는지도 모른다. 예를 들면, 성치료$_{\text{sex therapy}}$를 위해 다른 상담사에게 의뢰했던 한 남자의 피드백으로부터 큰 교훈을 얻은 적이 있다. 그는 내가 소개한 상담사가 자신의 인생에서의 모든 감정과 경험을 아주 능숙하게 다루었지만, 한 가지 예외가 있었노라고 털어놓았다. 즉, 내담자에게 매우 의미가 있고 소중한 종교적인 경험을 이야기하자, 그것은 곧 웃음거리가 되었고, 마치 상담사에 의해 신경증적인 방어기제로 분류되더라는 것이다. 내담자는 비참함을 맛보았고, 진정한 종교 체험을 들을 수 없었던 상담사가 자신의 상처 입기 쉬운 영적인 경험을 무시한 것에 대하여 화가 나 있었다.

또 다른 측면에서 Gerkin은 신학적인 준거 틀이 목회상담에 있어서 사용되는 주요한 방법론을 결정해야 한다고 제안한다.

> 영혼의 삶에 대하여 깊은 이해를 가지고 응답하려는 나의 신

> 학적 관심은 행동의 실제적이고 강력한 변화에 강조점을 두는 일이 가지는 깊고 오래된 함의에 대하여 질문하도록 만들 것이다. 만일 영혼의 삶이 삶의 모든 영역과 하나님께 기초한 궁극적 의미의 구조와 관계하는 틀 안에서 자기 해석 과정을 포함하면, 영혼을 돌보고 있는 사역자로서 목회상담사는 내담자의 해석 과정을 확장하고 풍부하게 할 가능성을 견지하는 방법론을 포함하려고 애쓸 것이다. 변화에 대한 행동주의 접근은 영혼 돌봄 사역의 면에서 유용하지만 제한적인 것이다.[6]

사람의 이야기를 경청하는 일 그리고 그의 인간역동과 상호작용의 근저에 있는 내재적인 신학적 의미를 이해하는 일은 모두 목회상담의 목적을 이루는 데 핵심적인 요소들이다. 이것은 상담사가 내담자의 작용적 신학operational theology을 드러내는 일을 의미하는 바, 내담자의 행동을 좌우하고 있는 작용적 신학은 공적으로 고백하는 신념체계와는 대립하는 실제다. 작용적 신학에 대한 지식은 상담사가 내담자가 가진 세계관의 신비를 풀어 내는 일을 돕게 한다. 이런 점에서 목회상담사는 마치 탐정과 같이 특별하고 탁월한 지위를 가진다. 내담자의 이야기를 듣고 이해하고, 그 신비적이고 왜곡된 세계에 깊이 개입해야 하기 때문이다.

> 고전적인 살인 추리소설에서 탐정은 그리 똑똑하지 않은 조수와 그리 명석하지 않은 경찰에게 둘러싸인다. 이야기가 진행되는 동안 내내, 경찰은 나중에는 거짓으로 밝혀지는 엉뚱한 관점

에서 범죄를 본다. 그들은 잘못된 단서를 따라 계속적으로 미궁을 헤매기 일쑤다. 헤매게 만드는 것은 탐정의 조수도 마찬가지다. 가끔 조수가 하는 말이 탐정이 문제를 다시금 조명하는 데 도움을 줄 때도 있지만, 잘못된 시각을 가지고 사건을 보는 바람에 일을 그르친다. 이윽고 탐정은 경찰과 조수가 바라보았던 똑같은 '사실'을 다른 관점에서 다룸으로써 문제를 풀어 간다. 이때 시각은 주로 '완전히 뒤집힌(upside-down)' 시각이다.[7]

완전히 뒤집힌 관점에서 인간의 정신역동을 어느 임상신학자보다 더 잘 이해하는 이가 바로 목회상담사다. 중요한 사실은 뒤집힌 관점이 종종 진실을 위로 드러낸다는 것이다.

병리학의 뿌리로서의 우상숭배

작용적 신학에서 경청 관점의 열쇠는 무엇 혹은 누가 그 사람의 심리 속에서 궁극적 권위ultimate authority로서 지각되느냐와 어떻게 그가 궁극적 권위에 의해 정의되거나 평가되는 경험을 하는지를 그 사람의 이야기 속에서 듣는 것이다. 자기self에 대한 개념은 항상 궁극적인 힘에 대한 그 사람의 개념과 더불어 이루어진다. 사람됨personhood의 교리는 명백하게 종교적이든 아니든 상관없이 항상 하나님에 대한 교리와 연관이 있다. 따라서 우리 시대에 보통 묻게 되는 나는 누구인가라는 자아정체성의 질문은 나는 누구의 사람인가라는 관계성에 대한 질문을 벗어나면 별 의미가 없어진다. 자기는 항상 타자 혹은 거짓된 타자의 측면에서 정의되게 마련이다. 이에 Karl Jaspers는 "한 인간이 가지는 하나님 형상의 모습은 그가 어떤 종류의 사람됨인지를 결정한다."[8]고 말한 바 있다.

기독교 철학의 위치에 대하여 J. V. Langmead Casserly는 이렇게 언급한다. "인간의 사상사에 있어서, 하나님의 교리와 사람의 교리는 흥망성쇠를 함께해 왔다. 우리가 현실 감각과 신성의 의미에 대하여 더욱 심오하게 깊어질수록, 인간 인격의 독특성과 존엄성에 대한 이해는 보다 선명해진다."[9] 심리학의 관점에서, Earl Loomis는 이 같은 사실을 다음과 같이 지적했다. "인간이 가지는 하나님의 형상과 그 자신에 대한 형상은 항상 서로 연결된다."[10] 바꾸어 말하면, 자기는 자신이 지각하는 절대성을 반영한다. 사람은 주로 자신이 그의 인격의 중심과 근저에 놓는 것에 의해 정의되기 마련이다. 내면적인 세계관에서 중심을 이루는 초점은 개인의 인격을 형성하려고 하는 힘이다. 웰슬리 대학교 스톤 센터에서 근무한 Jean Baker Miller와 다른 세속치료사들은 '관계 안에 있는 자기$_{\text{the self-in-relation}}$'라는 말을 사용하면서, 전적으로 분리되고 고립된 개체화 과정이란 없으며 오히려 항상 다른 사람과의 관계에 있어서의 자기의 분화가 있을 뿐이라고 지적한 바 있다.[11]

Daim은 참되고 궁극적인 것과 교류하기 위하여 만들어지는 인간 인격의 중심이 있다고 단정했다.[12] Thomas Merton과 같은 이들은 성서의 하나님 형상$_{\text{imago Dei}}$과 연관하여 하나님과의 교통을 추구하는 인간의 지극히 보편적인 욕구에 대하여 말하곤 했다.[13] 개인의 정체성의 중심이 영원한 너 또는 궁극적인 정체성에 연결될 때에, 한 사람은 마침내 진정한 자신이 되는 것이다. Howard Thurman은 남부 농원의 노예였던 그의 사랑하는 할머니에 의해 그에게 각인된 생각에 대해 이야기한다. "이런 생각은 때때로 그의 동료 노예들과 비밀 종교모임을 개최했던 어떤 노예 목사님에 의해 할머니에게 주어졌다. 할머니의 이야기 속에, 내 안에 있는 모든 것이 생생한 에너지의 전율로 얼마나 흔들렸는지 모른다. 할머니는 '당신, 당신은 깜둥이가 아니다. 당신, 당신은 노예도 아니다. 당신은 하나님의 자녀다.' 라고 하신 목사님의 말씀을 전하면서 승리의 절정에 다다르곤 했다."[14] 이 흑인 목사는 그의 교인들의 정체성의 궁극적 근원을 천명했다. 목회상담의 기본적인 과업은 우상숭배에 도전하는 일이다. 즉, 자기의 중심에서 하나님의 장소를 빼앗고, 사람들의 정체성을 억압적으로 정의하는 심리내적인 거짓 신들psychic false gods에 대한 예배로부터 벗어나는 것이다.

많은 대중적인 심리학은 사람들이 빈약한 자아상을 극복하고, 보다 더 고양된 자존감을 개발하도록 돕는 일에 관심을 가진다. 이러한 자아상 심리학은 주로 사람들이 그들 자신에 관하여 가지는 오해, 즉 심리치료를 포함하거나 제외한 재교육 과정을 통하여 자아상의 정정이 가능하다는 가정에 의거한다. 치료사는 내담자들에게 그들 자신의 인격을 떨어뜨리고 있는 믿음에 도전하고, 그들 자신에 관한 오해를 보다 더 창조적 개념으로 교체할 것을 요청한다. 그러나 이러한 전문가들이 낮은 자존감을 가진 사람을 다루면서 그들이 가진 궁극적인 권위에 대한 잘못된 개념을 직면하고 있다는 사실을 알지 못하는 경우가 다반사다. 따라서 전문가들은 임상 신학에서 취급하고 있는 진실이라는 것을 알지 못하고 부정적인 하나님 이미지와 그 그릇된 궁극적 권위에서 흐르고 있는 거짓을 다루고 있다.

나는 대부분의 병리학의 중심에 있는 우상숭배를 이해하는 일이 목회상담사들에게 필수적이라고 생각한다. 자기 자신에 대한 잘못된 시각은 하나님에 대한 자신의 잘못된 시각과 서로 엮여 있다. Calvin Turley는 병리학의 근저에 있는 원인이 바로 '오해된 자아 정체성의 사례'[15]라고 말했다. 본질적으로 사람은 하나님의 형상으로 지음 받았고, 오직 하나님과 연결되어 있는 모습 그대로 내면적 자기에 충실할 때 정서적으로 또는 영적으로 행복감이 넘쳐나게 될 것이다. 사람이 자신의 정체성을 실존의 궁극적인 근원에 다다르지 못한 것에서 찾을 때, 자기에 대한 인식은 왜곡되게 마련이다. 사람이 진정한 자기와 진정한 하나님과 동떨어져 은밀한 소통을 하지 못한다면 이때에 여러 가지 방어와 감정적이고 신체적인 증상이 나타날지도 모른다. Augustine이 "우리의 마음은 당신의 품 안에서 쉬기 전까지는 영원한 안식이 없습니다."라고 말한 것은 옳은 지적이다. 감정적으로 영적으로 성장한다는 것은 예수 그리스도 안에 계시된 참된 하나님과 연결된 자기 자신의 인격의 중심과 초점을 발견하기 위하여 지속적으로 나아가는 일이다.

Eleanor라는 중년의 여성 내담자는 감정적이고 영적인 발달을 저해하는 정신적인 신神 표상mental representation of God에 갇혀 살아가는 사람들 중의 하나였다. Eleanor가 궤양과 우울증에 관하여 호

소하며 도움을 얻기 위해 목회상담사를 찾아왔다. 그녀는 그녀 자신의 감정을 자신 안에 억눌러 온 수동적이고 순종하는 사람이었다. 대화 중에 목회상담사는 다음과 같은 질문을 하였다. "당신의 감정을 다른 사람들과 공유하는 것에 대한 어려움이 시작된 것은 무엇 때문일까요?" 그녀의 감정적인 억제에 대하여 단서를 찾아내려는 과정 중에, 그녀는 그녀에게 상처를 준 감정에 관해 그녀의 어머니로부터 받았던 모순되는 말씀을 기억하고 있었다. 그녀의 어머니는 성경 말씀을 특히 그녀가 아주 좋아하는 성서 구절인 팔복의 말씀을 딸에게 규칙적으로 읽어 주었다. 반복적으로 Eleanor의 어머니는 그녀에게 예수의 말씀을 읽어 주었다. "애통하는 자는 복이 있나니 저들이 위로를 받을 것이다."(마태복음 5: 4) 이 말씀이 주는 생각을 다음과 같이 풀어 말할 수 있다. "스스로 자신의 상처, 실망과 큰 슬픔을 경험하고, 표현할 수 있는 이들은 복이 있나니 그들이 나음과 위로를 얻을 것이다." 그러나 Eleanor의 어머니는 그녀가 근심하거나 슬픔에 잠겨 눈물짓는 것을 발견했을 때마다 그녀에게 호통쳤던 것이다. "입 닥치지 못하겠니? 네 방에 들어가라. 제발 그만 울고, 애기처럼 굴지 마라!"

Eleanor는 상처와 슬픔의 경험을 다루는 데 있어서 비난하고 있는 어머니로부터, 그리고 예수의 말씀을 동반한 성서로부터 두 갈래로 권위적인 목소리를 들었다. 자연스럽게, 그녀가 성서를 읽고 있을 때보다 엄마가 소리를 지르고 있었을 때 Eleanor에 대한 어머니의 영향력은 더 컸다. 따라서 상처 입은 자신의 감정을 다루는 데에 있어서 Eleanor는 예수의 영적인 권위보다 비난하고 있는 어머니의 권위를 따를 수밖에 없었다. 그리고 만일 그녀가 상처를 입는 느낌을 경험하면 그녀는 죄책감을 느끼며 자신이 잘못되었다고 느꼈다. 애통함을 통한 치유능력을 선포했던 성서의 진리와 성서의 권위는 비난하고 있는 어머니의 금지 명령에 완전히 압도되었다. Eleanor는 일찍이 그녀 자신의 내면 깊숙이 그녀의 감정을 묻어 버리는 일을 배웠고, 이는 훗날 궤양과 우울증을 낳는 밑바탕을 만들었다.

Eleanor는 두 가지 극단적으로 다른 권위로부터 슬픔에 관해 두 가지 모순된 가르침에 직면했다. 비록 양쪽 메시지 모두 그녀의 어머니의 입술로부터 전달되었지만, Eleanor는 자신의 유년기 고통을 다룰 때에 궁극적인 권위로서 비난하고 있는 어머니의 힘을 내면화했다. 그리고 슬픔에 관한 그 부정적인 가르침은 그녀의 성인기까지 지속되었다. Eleanor는 만일 그녀가 자신의 슬픔을 억누르면 비난과 분노를 피할 수 있다는 것을 너무 잘 배웠다. 그래도 그녀의 전존재는 그녀의 어머니가 진리의 복음으로써 그녀를 가르친 거짓말에 대하여 항거하고 있었다. 그녀의 신체는 그간 표현되지 못한 감정의 긴장을 궤양을 통하여 표출시켰다. 또한 그녀의 마음은 우울증을 통하여 자신의 구속된 감정과 싸웠다.

자신의 받아들일 수 없는 감정으로 인해 하나님처럼 비난하고 있는 내면화된 어머니에게 보상하기 위해서, Eleanor는 억압, 우울증과 심신의 질병을 통하여 어떤 의미로는 그녀 자신의 일부를 십자가에 못 박았다. Eleanor의 세계관은 그녀의 비난하는 모친상을 신적인 영역으로 이해하였고, 자신이 적대적이고 이질적인 세계에서 살아남을 수 있을 것이라고 느끼기 위하여 그녀 자신의 마음과 신체를 자기파괴적인 방식으로 왜곡할 수밖에 없었다.

인간의 심리 안에 궁극적인 거짓 권위로서 작용하여 내면화하게 되는 부모의 형상에 대한 고착fixation은 인간을 우상숭배로 이끈다. Anna Freud와 여러 학자들은 아이들이 그들의 부모나 다른 중요한 권위대상에게 신적인 권위를 부여하는 경향에 대하여 지적했다. Rizzuto와 McDargh의 연구는 모든 사람의 삶에서 정신적인 신神 표상에 대하여 실제적인 강력한 증거를 더했다.[16] Daim은 다음과 같이 이야기했다. "분석 과정의 실증적인 연구는 Freud가 말하는 유년기 때에 고착된 대상에서 신경증의 진정한 뿌리를 찾을 수 있다고 한 주장이 유의미함을 확인했다. 더욱 심층적인 연구를 통하여 우리는 모든 사례에서 고착의 대상이 절대적인 성격을 소유하는 것을 알았다. Freud의 체계에 있어서 고착의 대상은 바로 우리가 우상idol이라고 부르는 것이다."[17] 우상이란 하나의 절대성으로 높이려는 모든 것, 즉 무한한 수준으로 고양된 유한성, 영구적이라고 주어진 일시적인 상태다.

목회상담사는 정신적인 신神 표상이 사람의 감정적이고 영적인 성장 또는 발육 부진에 얼마나 중요한 역할을 하는지 이해할 필요가 있다. 이것은 병리학에 관한 것뿐만 아니라 인간의 발달에 관한 신학적인 전망이다. 이것은 심리학적, 사회학적, 생물학적 그리고 온갖 다른 관점들로 인간 본성을 이해하는 것을 부정하지 않는다. 이것은 신학적인 경청의 관점과 Anton Boisen이 지적한 살아 있는 인간 문서living human documents에 대한 신학적인 해석이 인간 이해와 상담에 대한 이해에서 공히 유효함을 주장하는 것이다.

왜곡된 세계관, 자기의 부정적인 동일시와 심리 내적 우상숭배 psychic idolatry의 잘못된 믿음체계는 유년기로부터 내면화된 각본이라 하겠다. 그리고 인생 전반을 통하여 그 테이프의 내용을 재생하는 강력한 경향이 있다. Howard Halpern은 '노래와 춤' 이라는 상징으로서 정신분석적인 반복 강박을 개념화했다.

> 우리 부모님의 내면에 또한 우리의 내면에, 내면 아이inner child가 있다. 그리고 이 내면 아이는 마치 우리 자신을 조종하는 것처럼 우리 부모님의 행동도 자주 조종한다. 모든 사람의 뇌 세포에는 모든 유년기 경험과 두려움, 사랑, 분노, 기쁨, 의존성, 지나친 요구에 대한 부담감, 불안, 자기중심성, 부적절감 등의 감정이 '비디오테이프' 안에 기록된다. 또한 명령, 편견, 금지 명령 그리고 우리 부모님의 삶의 규칙도 우리 신경세포 안에 등록된다(그리고 우리 부모님의 신경세포는 그들 자신의 부모님의 소리를 포함한다.). 우리가 가진 모든 초기 유년기 감정과 반응에 대한 테이프, 그리고 우리 부모님이 행동했던 모든 방식들과 우리에게 내린 모든 금지 명령, 삶에 대한 처방 등에 대한 테이프들은 한데 통합되어 바로 내면 아이라고 불리는 것을 구성한다. 우리 유년기로부터 저장되고 교류되는 과정에서 때때로 '스위치를 켜게' 될 수 있고, 보다 성숙한 성인의 경험이나 지식과 지혜에 의해 수정되지 않고 현재의 감정과 행동처럼 재생될 수 있다. 나는 우리 안에

> 있는 내면 아이와 우리 부모 안에 있는 내면 아이 사이에서 발달하는 이 구체적인 상호작용을 노래와 춤이라고 부른다. 왜냐하면 그것들은 반복적이고 거의 율동적인 패턴을 가지기 때문이다. 같은 가사, 같은 음악과 같은 동작이 거듭되어 수행된다.[18]

이 '노래와 춤' 이 감정적이고 영적인 성숙에 기여할 수 있다는 점에 주의하는 것은 매우 중요하다. 그러나 우리의 초점은 파괴적인 세계관, 즉 대대로 이어지며 사람들을 우상숭배적인 고착으로 붙잡고 있는 자기파괴적인 가르침과 신념을 다루는 것에 있다. 목회상담사는 삶의 이야기, 세계관, 믿음과 내담자의 신들을 경청할 필요가 있고, 적절한 치료 방식으로 혹은 비언어적인 방식으로 기독교 계시의 이야기를 제공할 필요가 있다. 이때 목회상담사는 도움을 청하러 오는 이들에게 변화가 생길 수 있도록 이 기독교 계시의 이야기를 몸으로 구체화한다. 복음의 진리로 가장한 거짓말은 확실한 복음적 진리에 직면되어야만 한다.

중요한 개념들

작용적 신학(Operational Theology) 고백적 신학professed theology에 대조되는 작용적 신학은 개인의 언어와 지성적으로 표현되는 신학을 넘어서서, 역동적인 이미지, 정신적인 신神 표상, 세계관, 현실의 도해들maps of reality, 믿음체계, 그리고 삶의 경험을 실제로 지배하는 가치체계를 포함하는 신학이다. Edwin A. Hoover는 작용적 신학을 "자신의 경험, 지각, 신화와 희망에 근거한 세계, 인류와 신에 대한 개인의 신념이며, 이 모든 것들과 연관된 자신의 입장에 대한 개인의 신념"[19]이라고 정의한다. 작용적 신학은 무의식적 소재를 포함해서 개인이 살아가는 데 영향을 받는 함축적인 종교 이야기를 의미한다. 어떤 이들은 작용적 신학의 동의어로서 임상 신학clinical theology이라는 용어를 사용한다.

쌍둥이 우상숭배(Twin Idolatry) 또는 이중 우상숭배(Double Idolatry) 이 개념은 심리내적인 우상숭배와 연관된 두 가지 차원으로, 이는 왜곡되고 잘못된 궁극적 권위로 생겨난 우상숭배가 한 개인의 자기와 정체성 그리고 가치에 관한 잘못된 정의와 신념들과 직접적으로 연결되어 있음을 의미한다. 우상숭배의 첫 번째 차원은 Rizzuto에 의해 탐색된 정신적 신神 표상mental representations of God을 다루고 있다. 잘못된 권위자의 이미지들은 일반적으로 하나의 또는 그 이상의 부모나 대리 부모의 경험으로부터 초래되어 신적인 이미지로 투사된다. Freud의 시기에는, 주로 아버지 이미지가 신에게 투사되었다고 보았으나 미국사회에서의 최근 연구들은 어머니에 대한 이미지가 하나님에 더 빈번히 투사된다는 것을 보여 준다.

이러한 궁극의 실재에 대한 우상숭배적인 시각은 자기 개념 또는 자아상과 직접적인 관계가 있다. 예를 들면, 사랑하는 신을 경험하는 것은 나약하고 무력하여 자신에게 힘을 주거나 확신을 주지 못하는 신에 비하여 긍정적인 자기 개념을 촉진시키게 마련이다. 그리고 긍정적이고, 확실하며, 확신에 찬 부모는 비판하고, 판단하며, 비난하는 부모보다 그들의 자녀들에게 하나님에 대하여 더 긍정적인 신神 표상을 준다.

잘못된 궁극적 권위에 의해 다스려지는 상징 세계에서 살아남기 위해, 개인은 자기 주위에 두 번째 우상숭배를 만들어 내야만 한다. 이 두 번째 우상숭배는 신의 본성에 관한 잘못된 우상적인 지각에 대하여 반응하는 것이다. 그것은 구원의 방어 전략이나 또는 현실의 부정적인 시각에 직면하여 자기 자신을 구조할 시도로서 간주될 수 있다. 자신의 상한 감정을 다루는 Eleanor의 예는 자신을 꾸짖는 어머니에게 어떻게 반응하는지를 보여 준다. 어머니를 궁극적 존재로 인식한 그녀는 구원의 방어 전략을 개발했다. 그것은 억압, 우울, 나중에는 심신의 증상들을 사용하는 것이다.

지각된 신을 진정시킬 수 있었고, 그 권위와의 관계를 유지할 수 있게 하는 '효과 있는 작업들good works' 은 자기 자신의 구원자가 되어야만 하는 전략의 일부분일지도 모른다. 이러한 자기정당화에 대해서는 나중에 다시 논의할 것이다. 우상에 의하여 지배되는 세계에서 살아남기 위해서 인격의 일부분은 십자가 수난을 겪어야 한다. 인류를 속죄할 것이라는 위대한 사랑의 마음에 대한 현실적인 신뢰가 없다면, 결국 개인은 자신의 생존전략을 스스로 찾아야만 한다. 그러한 자기를 속죄하는 전략들의 범위는 Paul Tournier가 '저항의 신경증neurosis of opposition' 에서부터 '복종의 신경증neurosis of submission'[20]까지라고 묘사한 것처럼 극단을 오간다. 어떤 개인은 아마도 다혈질적인 반항 행동과 과잉 행동을 만들어 내면서 압제적인 힘인 우상을 정복하려 할 것이다. 반면에 어떤 개인은 모든 사람들을 진정시키고, 불안전한 세계에서 안전감을 느끼기 위하여 스스로 적응하면서 순종적인 돌봄 제공자가 될지도 모른다. 가능한 패턴의 복잡성을 인식하면서, 우리들의 주요한 초점은 내담자의 병리학의 기초가 되고 있는 쌍둥이 우상숭배에 놓여 있다.

우상숭배 속의 완강한 언약(Tenacious Covenant) 잘못된 신과 그 결과 생겨난 거짓 자기 사이를 완강한 언약이 붙들고 있다. "당신은 나의 신이고 나는 당신의 사람이다."라는 진술은 잘못된 신을 거짓 자기에 잡아매는 막다른 길에 대한 표현이다. Daim은 인격의 중심personality center 혹은 자기의 심장heart of the self이 궁극적인 존재와 연합을 갈망한다고 단정한다. 한 사람이 진정한 자기됨의 근원이 되는 타자the Other 위에 서지 못할 때, 그의 내면세계는 잘못된 중심을 돌게 된다. Walter Brueggemann은 다음과 같이 말한다.

> '언약' 의 주된 주장은…… 인간 개인이 자기됨의 시작이 되는 타자(Another)에 근거하고 있고, 그들의 참살이(well being)를 위해 충성되게 사람들을 향하고 있다는 것이다. 언약은 모든 측면에서 우리 인생의 주도권을 보유하고 우리 자신을 위해 우리가 하는 것보다 더 좋은 것을 하실 수 있는 다른 한 분을 향한 우리의 관계성에 의존한다는 사실에 대한 깊고 널리 퍼져 있는 확신이다.[21]

우상을 향한 이 강렬한 애착은 나중에 세부적으로 다룰 저항의 논점과 관계가 있다.

비록 한 사람의 인격의 많은 다른 영역이 우상숭배적인 관계로 구속될지도 모른다고 해도, 그 사람의 삶의 범위가 우상에서 자유로운 지역이 있을지도 모른다는 점에 유의할 필요가 있다. Daim은 사람들에게 우상으로부터의 자유와 구원에 대한 갈망이 항상 있다고 믿었다.[22] 목회상담은 사람들이 오래된 우상숭배적인 언약을 넘어서 새 언약으로 움직이도록 돕기 위해 그런 갈망과의 연결을 추구한다. 대상관계이론의 언어를 사용하자면, 새 언약은 사람들이 거울처럼 반영되고, 인정될 수 있으며, 있는 그대로 받아들여질 수 있는 안아 주는 환경holding environment을 제공한다. 종교 용어를 빌리자면, Thomas Merton은 새 언약을 기반으로 하는 관계적 신학relational theology에 대해 다음과 같이 말한다.

> 나는 누구인가? 내가 누구인지에 대한 나의 가장 깊은 깨달음은 내가 그리스도에 의해 사랑받는 존재라는 점이다…… 나의 정체성의 깊이는 하나님이 알고 계신 내 존재의 중심에 있다.[23]

> 우리는 우리 자신을 결코 멸절시키지 않는 한 정체성에 의해 완성된다. 이는 우리의 것이지만 여전히 '받은(received)' 것이다. 이는 우리들 자신보다도 우리와 자신을 완벽하게 동일시하시는 영원한 존재다. 바로 이 정체성은 그리스도, 하나님이시다.[24]

가족치료에 있어서, 언약들은 Boszormenyi-Nagy에 의해 '보이지 않는 충성invisible loyalties'[25]이라고 불렸다. 그것들은 각 사람의 유년기 동안 주입되어 세대를 통하여 전해지는 과거의 거짓되고 제한하는 신념을 허용하고 대인관계의 확신이 되게 한다. 한 동료는 율법적인 충성을 동반한 우상적인 언약이 사랑과 자유의 언약으로 바뀐 사례에 대해 이야기했다. Harry라는 청년은 특정한 규칙이 있는 '게임'처럼 우상과 계약을 맺었다. 그는 다음과 같은 '게임의 규칙'을 인정했다. "당신은 항상 좋은 사람, 착한 사람이어야 한다. 당신은 매 순간 열심히 일해야만 한다. 그렇지 않으면, 당신은 가치가 없다. 삶에 기쁨을 위한 장소는 없다. 그리고 만일 당신이 그것을 찾기 시작하면 삶의 궤도에서 완전히 내려야 하고, 당신의 삶을 파멸시킬 것이기 때문에 당신은 더 조심해야 한다. 당신은 훌륭하고 착한 행동을 하고, 일을 할 때 사랑받을 가치가 있다. 당신은 진정 사랑받을 만한 존재가 되지 못할 것이다. 그러나 당신은 항상 노력하는 것이 좋다. 그렇지 않으면 당신은 어떤 가치도 없다. 나는 우주의 권위로서 주장한다. 이것이야말로 인생의 법칙이다." 치료 이후에 Harry는 게임이 불만족스러웠다고 그의 우상에게 선언할 수 있었다. "당신과 맺었던 계약은 더 이상 만족스럽지 않다. 나는 그러한 방식으로 더 이상 놀고 싶지 않다. 아직 나는 내 페르소나를 흩어 버리게 될까 봐 두려운데, 그것은 다른 방식으로 관계 맺는 방법을 모르기 때문이다. 나는 바위 틈에 꽉 낀 기분이 든다."[26]

언약은 매우 강하다. 그리고 사람들은 일반적으로 탈출하려고 노력하는 과정에서 엄청난 고통을 경험한다. 죄책감은 오히려 이 과정을 더 어렵게 한다. 만일 사람들이 우상의 법과 가르침을 따르고 있지 않으면 대부분 죄책감을 느낀다. 예를 들면, 비판적인 어머니가 상처를 입은 감정을 나타내는 것은 나쁘다고 가르쳤기 때문에 Eleanor가 죄책감을 가졌듯이 말이다. 우상숭배에 관한 진짜 죄는 전혀 느껴지지 않는다. 바꾸어 말하면, 진정한 신 혹은 진정한 자기에 관계하고 있지 않다는 점은 어떤 죄책감도 만들어 내지 않는다. 진정한 죄책감과 거짓된 죄책감에 대한 Tournier의 토론은 비록 그가 우상숭배의 개념에 그것을 직접 연결하지는 않았지만, 이 점을 이해하는 데에 매우 큰 도움이 된다.[27] 때로 목회상담사들은 내담자의 거짓된 죄책감이 지나치게 그들의 주의를 빼앗아 그들이 우상들과 계약을 맺고 있고, 이제 그 우상숭배를 고백해야 한다는 사실을 알지 못하게 방해한다는 사실을 그들로 하여금 보게 할 필요가 있다.

세속적 경전(Secular Scriptures) 우상에 의해 전해지는 가르침, 가치 그리고 신념들을 세속적 경전이라고 명명한다. 마치 시내산의 십계명으로부터 전해지고, 예수의 산상수훈을 통하여 선포된 것처럼, 이러한 생각들은 인간의 정신을 움직인다. 이는 우상숭배적인 관계에 사로잡힌 이들에게 신적인 중량을 가진다. 세속적 경전은 교류 분석이 드라이버$_{\text{drivers}}$, 금지령$_{\text{injunctions}}$과 역금지령$_{\text{counter-injunctions}}$이라고 부르는 것과 유사하다. 그것들은 의무$_{\text{shoulds}}$, 당위$_{\text{oughts}}$와 명령들$_{\text{musts}}$로 가득 차 있다. 그것들은 보통 슬픔과 분노와 같은 감정에 관한 가치 진술을 포함한다. 예를 들면, Eleanor는 그녀의 슬픔과 상처 입은 느낌이 틀리고 받아들일 수 없는 것이라고 배웠다. 이러한 가르침은 신성해 보이고, 진리를 드러내는 것 같다. 하지만 실상 그것들은 파괴적인 거짓말이었다.

목회상담에 있어서, 나는 내담자들이 이미 그 믿음에 의지하여 살고 있는 일종의 세속적 경전들을 인식하게 하는 것이 큰 도움이 된다는 것을 알고 있다. 그들의 인생을 인도하고 있는 세속적 경전은 이미 존재하고, 그러한 가르침을 통하여 사람들이 그 파괴적인 믿음과 가치가 그들의 인생을 지속적으로 인도하게끔 선택할 수 있는 더 많은 자유를 가질 수 있다. 때로는 성서의 특별한 구절을 인용하여 실제 생활의 배경이 되는 세속적 경전과 대조하는 것이 도움이 된다. 예를 들면, '나는 강하고, 착하며, 언제나 베푸는 사람이 되어야 한다.' 와 같은 근본적인 세속적 경전을 가지고 있는 사람을 향해, 나는 다음과 같이 성서를 일부러 오용할 수 있다. "강한 자에게는 복이 있나니, 저들이 세상을 유업으로 받을 것이요." 혹은 "강한 부모가 되지 못하면 천국에 들어갈 수 없느니라." 하지만 이러한 세속적 경전은 강력하고 완강한 본성이 있기 때문에, 매우 어렵고 험난한 투쟁을 통해서만 바뀔 수 있다는 점을 언급하여야 한다. 그러나 어떤 이들은 성서적인 권위와 영, 그리고 예수님의 가르침들이 세속적 경전과 대치되는 것을 볼 때, 그들의 자기파괴적 사고들을 포기할 준비를 하기가 훨씬 수월해진다.

목회상담에 온 한 여인은 그녀의 세속적 경전에서 다음과 같은 내용을 십계명으로 정했다. 그녀의 삶을 위한 법은 다음과 같다.

① 너는 다른 사람을 화나게 하지 말고, 그들의 감정을 다치게 하지 마라. ② 너는 너 자신을 제어하라. ③ 너는 너 자신을 엄격하게 평가하라. ④ 너는 두려움으로 너 자신을 인도하라. ⑤ 너는 일들을 그렇게 쉽게 이루려고 하지 마라. ⑥ 죄가 있기 때문에, 너는 성공할 수 없을 것이다. 그녀의 치료에서 그녀는 변화되어 자신의 십계명의 '개정판'을 발전시켰다. ① 나는 살아 있고, 자유롭다. ② 나는 부드럽고, 순응적이며, 개방적이다. ③ 나는 삶의 흐름에 있어서 생동적이고, 지극히 중요한 부분이다. ④ 나는 중요하다. ⑤ 나는 매일 더 밝고 더 환해지는 신의 불꽃이다. ⑥ 나는 유연하다. ⑦ 나는 특히 나 자신을 포함하여 모두를 수용하고 사랑한다. 나는 사랑스러운 인간 존재다. ⑧ 나는 정직하다. 나는 친절하다. 나는 참을성이 있다. ⑨ 나는 신의 임재로 충만하여 부유하다. ⑩ 나는 내가 두려움에 친숙한 것을 깨달았다. 나는 그것을 껴안을 수 있고 그것에 직면할 수 있고, 그 너머로 걸어 갈 수 있다. 나는 더 이상 두려움에 의해 인도되지 않는다.

세속적 경전에 관해서 이해하고, 개입하는 것은 사람들을 우상숭배로부터 해방시키는 과정에서 도움이 되는 부분일 수 있다.

세속적 기도(Secular Prayers) 자기와 우상 사이에서 암묵적으로 계속되고 있는 대화를 세속적 기도라 한다. 비록 사람이 그것을 잘 모른다고 해도 우상과 자기 사이의 소통 과정은 지속적인 것이다. 그것은 우상숭배적인 언약을 강화시키는 메커니즘이고, 많은 에너지를 필요로 한다. 가끔 사람이 거짓 절대자에게 드리고 있는 암묵적 기도를 명료하게 드러내는 것은 도움이 된다. 예를 들면, 구원의 방어 전략이 산산이 부서지는 위기에 처한 어떤 이가 다음과 같이 암묵적으로 기도하는 것은 드문 일이 아니다. "오 하나님, 제발 예전처럼 똑같이 안전하고 강하고 상처받지 않도록 회복시켜 주소서. 나는 살면서 너무 상처받는 것이 두려워서 위험에 노출되고 싶지 않습니다. 나를 이 지극히 인간적인 상황으로부터 보호하소서." 나는 이 사람이 다음과 같은 다른 유형의 기도를 드리도록 권할 것이다. "오 하나님, 나에게 용기와 개방성을 주사, 나의 두려움과 상처 속에서 당신의 힘을 의지하게 하시고 예루살렘에 닥친 위기처럼 나에게 벌어지는 일들에 직면할 수 있도록 성장시켜 주소서." 이러한 교정된 기도들은 자기 스스로 화해를 시도하는 마음으로 곧장 인도해 낸다. 그것들은 현실 가운데 자리 잡고 있는 위대한 사랑의 마음을 더욱 신뢰하는 관계로 인도한다.

또 다른 이는 자신의 암묵적인 세속적 기도를 다음과 같이 표현했다. "오 하나님, 오늘 내게 어린 시절 예전에 부모님들이 주셨던 편안함과 안전감을 주소서. 나를 우리 부모님께서 정한 것처럼 나를 위해 악한 것들을 규정하사, 그 악에서부터 보호하소서. '의' 와 '권위' 부모님, 교사, 설교자, 정치가는 동의어이고, 내 운명은 질문을 던지는 것이 아니라 그냥 순종하는 것인 줄 아는 내 어린 시절 믿음을 확신하게 하소서. 잘못된 결정을 내린 것으로부터 오는 고통스러운 결과로부터 자유롭게 하시며, 내가 결정할 때에 신뢰할 수 있는 권위를 내게 주소서." 이런 세속적 기도는 Thomas Oden의 사상 중 하나를 생각나게 한다. "삶이란 우리가 가진 신들의 취약성에 관해 우리에게 끊임없이 가르치는 교사다."[28]

신경증적으로 어린 자기를 사로잡고 있는 우상의 파괴적인 힘은 작용적 신학의 경청의 관점에서부터 출발하였다. Fairbairn이 다음과 같이 말한 것처럼, 목회상담의 과업은 실로 신들과 씨름하는 것이다.

> 더 나아가서 나는 심리치료적 도움을 구하는 환자들이 찾는 것이 건강이라기보다는 그의 과거로부터의, 즉 그의 '내적' 나쁜 대상들에 매여 있는 것으로부터의, 그리고 죄책감의 짐과 영적인 죽음으로부터의 구원이라고 간주한다. 그러므로 환자가 찾는 것은 세부적으로 살펴볼 때 종교적인 추구와 부합한다.[29]

여러 가지 이유 때문에, 나는 우상숭배에 대한 나의 치료를 신경증의 문제들로만 제한할 것이다. 이 책의 목적은 발달 심리학과 대상관계 관점에 의한 심리진단에 대한 상세한 설명 없이도 임상자료와 치료에 관한 신학적 사고를 촉진하는 것이다. 또한 나는 목회상담사의 세계관이 너무나 자주 스스로에게 책임이 있고 그 책임을 피할 수 없다고 느끼는 점에서 어느 정도 신경증적이 되는 경향이 있다고 생각한다.

정신과 의사인 M. Scott Peck은 신경증과 인격 장애 사이에 흥미있는 구분을 했다.

> 정신과 의사를 만나러 오는 대부분의 사람은 신경증 또는

> 인격 장애라고 불리는 것으로 고생하고 있다. 가장 간단히 말해서, 이 두 조건은 책임감의 혼란이라고 볼 수 있는데, 이같이 그들은 자신들이 경험하는 세상과의 문제와 관련하여 정반대의 스타일을 가진다는 것이다. 신경증 환자는 너무 많은 책임을 떠맡는 반면, 인격 장애를 가진 이들은 그만큼 과도하지 않다. 신경증 환자가 세상과 충돌할 때 그들은 자동적으로 자신들이 잘못된 것으로 가정한다. 그러나 인격 장애를 가진 이들은 자신들이 세상과 대립하고 있을 때 자동적으로 세상이 잘못된 것으로 가정한다.[30]

경계선 인격장애 내담자가 우리 임상 실습에 난데없이 나타나더라도, 나는 그들에게 집중하지 않을 것이다. 그것은 성인 경계선 인격장애 내담자가 대상관계 영역에서 기억을 환기할 수 있는 뚜렷한 감각이 잘 형성되지 않았다는 점에 주의하는 것으로 충분하다. 따라서 그들은 중요한 타자에 의해 스며들어 내재되어 있는 유기 공포와 싸우고 있다. 정신적 신神 표상을 포함하여 그들이 내사하여 함입하고 있는 것들이 분리 불안을 유지하는 데 부적절하게 기능하도록 하는 경향이 있다. 신학적인 논의가 경계선 환자와 정신증 환자를 위해서도 어느 정도 의미를 가지겠지만, 여기서는 살아 있는 신경증의 스타일과 목회상담사들이 직면하는 문제들의 보다 다양한 형태만을 위하여 작용적 신학의 토론을 제한하는 것이 보다 현명하리라 본다.

Taking
On the
Gods

Chapter
2

낙타가 가는 방향으로 올라 타는 것이 더 쉽다

Chapter 2

Taking on the Gods

낙타가 가는 방향으로 올라 타는 것이 더 쉽다

여러 세기 전 한 사막의 교부가 "낙타가 가는 방향으로 올라 타는 것이 더 쉽다."라고 이야기하면서, 사람들의 변화에 대한 저항과 연결시키는 명언을 남긴 적이 있다. 잘못된 믿음체계와 고착된 심리적 우상숭배는 그들이 이미 가고 있는 방향 외에 어떤 다른 방향으로 가기를 거부하는 고집 센 낙타와 같은 역할을 한다. 낙타가 이미 가고 있는 방향으로 올라 타는 것을 배우는 것은 목회 심리치료사에게 매우 중요한 기술이다. 저항은 치료적 개념으로서, 개인의 사생활에서 변화에 거부하며 해결되지 않은 문제들을 행동화하면서 개인, 부부 또는 가족이 치료에 협력하는 방법으로서 이해될 수도 있다. 최근 어떤 전문가들은 '저항의 죽음death of resistance'에 대하여 이야기하고, 다른 이들은 저항적인 내담자와 체계들을 그저 '오해'[1]된 것으로 재구성하기도 하였지만, 나는 저항을 내담자 또는 내담자의 체계와 치료사의 상호작용 사이에, 우상숭배와 같은 잘못된 신념 체계가 끼어들 때 발생하는 것이라고 개념화하는 것이 더 도움이 되리라고 생각한다.

우상숭배적인 세계관과 신념체계들은 종종 매우 지속적이다. 사람들은 자기 문제들과 증상들에 완강하게 집착한다. 비록 그들은 한 손으로 도움을 청하고 있지만, 다른 한 손은 종종 그들의 등 뒤에서 문제가 되는 상황들을 꼭 붙들고 있다. 목회상담사들은 도움을 청하러 오는 사람들이 자주 자신들의 있는 상태에 그대로 머물러 있으려는 경향이 강하다는 것을 꼭 알아두어야 할 필요가 있다. 그들은 상담을 받으러 와도 그들의 어려운 상태에 대한 애착을 가지고 있다. 사람들은 우상숭배에 대한 속박에서 쉽게 벗어나지 못한다. 신념체계들은 종종 시멘트에 깊숙이 박혀 있는 것처럼 보인다. 어떠한 변화에도 저항하는 반복적 강박 행동, 대본 또는 인생 이야기는 내담자의 고착된 작용적 신학에 대해서 적잖이 말해 준다.

첫 상담을 위해 정신과 의사를 찾아간 한 중년 남성에 대한 유명한 일화가 있다. 그 남성이 자리에 앉자 의사는 그에게 그의 문제가 무엇이냐고 물어보았다. 그 남성은 대답했다. “저의 문제는 제가 죽었다는 것이에요.” 의사는 물었다. “죽었다고요?” “네 선생님, 저의 문제는 제가 죽었다는 것이에요.” 의사는 접수 상담을 위해 일반적인 질문들을 물어보면서 상담을 계속해서 진행하였다. 그러나 그가 환자로부터 내릴 수 있는 진단은 단지 환자가 자신이 죽었다고 여긴다는 것뿐이었다. 머리를 짜낸 끝에 의사는 환자에게 말했다, "죽은 사람과 살아 있는 사람을 구별하는 특별한 특징이 있나요?" 환자는 잠시 동안 생각하더니 대답하였다. "죽은 사람은 상처를 받았을 때 피를 흘리지 않지만, 살아 있는 사람은 피를 흘려요." 의사는 스스로 '아하' 하고 생각했다. 그는 그의 책상으로 가서 무균 주사바늘을 꺼냈다. 그는 앞에 앉아 있는 환자의 팔에 슬쩍 주사바늘을 꽂았다. 상처에서 피가 솟았다. 환자는 그의 팔에 쏟아져 나오는 피를 보면서 잠시 동안 당황해하였다. 그리고 그는 의사를 쳐다보면서 말하였다. "세상에, 박사님, 죽은 사람들도 피를 흘리는군요."

이런 남성 환자와 같이 부정적이고 자기파괴적인 경험들로 물들어 있는 개인들은 그들의 정체성과 생활 방식에 너무 익숙해져 있어서 변화를 매우 두려워한다. 자신의 관점과 신념체계에 대하여 편안해진 사람들은 그것을 포기하는 것도 어려워하게 마련이다. M. Scott Peck은 다음과 같이 말한다.

> 현실에 대한 옛 방식의 관점에 강하게 집착하는 과정은 정신질환의 바탕이다. 심리치료사는 이것을 전이라고 지칭한다. 전이는 세상에 반응하고 인지하는 방법 체계로, 주로 유년기에 발달되어 유년기 상황에서는 때로 생존을 위해 필수적이기도 하고 대부분 적절하지만, 어른이 된 상황에서는 부적절하게 옮겨진다. 대부분의 경우처럼 전이의 문제들이 연관되었을 때 주로 심리치료는 다른 어떤 일들보다 지도(map)를 개정하는 과정이라고 할 수 있다. 환자들은 그들의 지도들이 명백하게 제대로 작용하지

> 않기 때문에 치료를 받으러 오는 것이다. 그러나 환자들은 그 잘못된 것에 집착하고 과정의 한 단계 한 단계에 얼마나 저항하는지! 종종 그들의 지도에 대해 집착과 그것을 잃는 것에 대한 저항이 너무 강해서 치료가 불가능해지기도 한다.[2]

세상에 어떤 목회상담사가 유년기에 경험했던 부정적이고 파괴적인 대처방법을 강화하는 선택들과 결정들을 반복적으로 만들어 내는 내담자로 인하여 괴로워하지 않겠는가?

치료적 환경을 바꾸는 이 저항은 부부와 가족에게도 마찬가지로 초래된다. 알코올 중독자의 결혼생활에서 알코올 중독자가 술을 마실 때 알코올 중독자와 그의 동반자가 결탁하는 경우를 종종 볼 수 있다. 문제가 되는 음주자를 비판하고 부추겼을 수도 있는 배우자는 이제 술을 사 주거나 다시 술을 마시게 하려고 상대방을 유도할 수도 있다. 그러므로 알코올 중독자의 배우자는 자신의 문제를 중독자의 술 마시는 습관 뒤에 계속해서 감추어 버릴 수가 있다. 자기 자신이 암탉이라고 생각하는 아내에 대하여 도움을 요청하기 위해 치료사를 찾은 한 남성의 이야기가 있다. 적절한 상담과 토의 끝에 상담사는 "다음에 치료를 위해 부인을 데려오신다면 제가 부인을 도와줄 수 있을 것 같습니다."라고 말했다. 내담자는 깜짝 놀라면서 대답했다. "하지만 나는 그렇게 하고 싶지는 않네요. 왜냐하면 우리는 계란이 필요하거든요."

가정 문제는 흔히 변화에 대해 저항적인 가족 체계 안의 공모를 상징적으로 드러낸다. 한 전형적인 가족 상황은 가정에서 규정된 환자identified patient로 간주되고 있는 비행청소년에게서 찾아볼 수 있다. 부모들은 자녀의 행동에 심란해하고 아이를 바로 잡으려고 많은 노력을 쏟는다. 치료사가 어린이에게 다음과 같이 말하면서 저항에 참여할 때 부모들과 어린이 모두에게 충격이 될 수 있다. "나는 네가 부모님의 결혼생활을 유지하도록 노력하고, 그들의 해결되지 않은 문제와 갈등을 해결하기 위해 노력한 너의 용기에 대해서 칭찬을 해 주고 싶단다. 너는 너와 네게 있을 법한 문제들에 초점을 맞추느라 네 인생의 많은 부분을 희생하고 있어. 불행한 결혼생활과 그들의 사적인 문제들로부터 네가 부모님들을 보호해야 한다는 암묵적인 동의가 너의 가족들에게 있구나."

한 가정이 변화에 대한 저항을 보이는 또 다른 예시는 한 유명한 심리치료사[3]의 사무실에서 일어났다. 한 부부와 그들의 10살 된 아들은 수많은 치료사들을 찾아갔었지만, 아무도 그들의 가정에 전혀 도움을 주지 못했다. 새로운 치료사와 첫 상담이 끝난 후 치료사는 다음 회기에 오기 전에 해야 할 숙제를 각 부모에게 내주었다. 이 숙제는 첫 상담 때 부부가 직접 대화하지 않고 꼭 아들을 통해서 대화한다는 것을 관찰한 뒤 이를 바탕으로 만들어진 것이었다. 치료사는 남편에게 말하였다. "다음 한 주 동안 당신이 부인에게 무엇인가 말하고 싶으면, 꼭 아들을 통해서 부인에게 그 메시지를 전달하도록 하세요." 그리고 치료사는 부인에게도 이와 비슷한 말을 해 주었다. "다음 한 주 동안 남편과 무엇인가 말하고 싶을 때 아들을 통해서 남편에게 말하고 싶은 것을 전달하도록 하세요." 한 주 뒤에 그 가족이 돌아왔을 때 부부는 치료사에게 언짢은 듯했다. 그리고 그들은 치료사에게 말하였다. "우리가 만약 서로와 대화하고 싶으면 우리는 직접적으로 대화를 할 거예요. 우리는 우리 아들을 통해서 대화할 필요가 없어요." 문제가 있는 가정에서는 흔히 어떤 한 사람이 중간에 갇혀서 가족 간의 대화에서 교환원 역할을 한다. 때로 변화에 대하여 저항하는 체계에서는 이미 가고 있는 방향으로 낙타를 타는 것이 도움이 된다.

변화에의 저항에 대한 상담사의 대응

출애굽기의 이야기는 변화에 저항하는 것에 대한 하나의 은유를 제공해 준다. 무엇보다 바로왕의 이집트 속박에서 벗어나는 것은 우리에게 매력적으로 보인다. 그러나 사람들을 자유로 이끌어 가는 모세가 있었음에도 불구하고 어떤 사람들은 약속의 땅으로 가는 도중, 광야의 불확실성을 체험하였을 때 그들의 여정을 그만두고 싶어 했다. 어떤 사람들은 자유의 길을 더 여행하면서 위험을 겪느니 이집트의 익숙한 환경으로 돌아가기를 원했다.

Virginia Satir는 "저항은 주로 자신이 안 가 본 곳을 가 보는 것에 대한 두려움이다."[4]라고 말한 바 있다. 도움이 되고자 원하는 목회상담사들은 종종 상담받는 사람들의 성장과 변화에 대한 저항의 이유와 의미를 확인하고 받아들이는 데 어려움을 겪는다. 특히 초심자 목회상담사들은 종종 개인적 또는 직업적 성공을 위한 자신의 자기애적인 필요들을 충족하기 위하여 내담자들을 변화시켜야 한다는 필요성을 강하게 느낀다. 목회상담사는 너무 성급하게 내담자에게 "당신은 달라져야 한다. 당신은 달라져야만 한다. 당신은 반드시 달라져야 한다."는 암시적이거나 명백한 메시지를 전하면서 '설교자 파장$_{\text{preacher wavelength}}$'을 일으키기 쉽다.

내담자들의 저항에 대한 이해와 인식을 하지 못한 채, 변화하라고 고집스럽게 압박을 주는 상담사들은 자신들이 왜 그렇게 변화를 위해 압박을 가하는지 자신들의 역전이에 대하여 연구해 볼 필요가 있다. 예를 들어, 상담사는 자신이 상담하는 데 있어서 반드시 성공적이고 도움이 되어야 한다는 완벽주의적인 내적 요구를 가지고 있는가? 가끔 상담사는 자기 자신이 실패의 두려움 때문에 이렇게 강압적으로 행동하는 것은 아닌지 생각할 필요가 있다. 만약 목회상담사가 자신의 유년 시절에 해결하지 못한 문제를 가지고 있다면 자신의 가족들을 변화하게 하지 못한 것으로 인해 무의식적으로 내담자를 바뀌게 하려는 경향이 있을 수도 있다.

어떠한 상황에서도 상담받는 이에게 변화를 요구하는 상담 자세는 대부분 도움을 청하는 사람에게 더 많은 저항과 방어적인 자세를 취하게 만든다. 이러한 경우에 상담사는 저항에 반대되는 입장보다는 저항을 지지하는 쪽을 선택해야 할 수도 있다. 이러한 생각을 나에게 완벽하게 설명해 주는 이야기는 역설적 치료의 개척자 중 한 사람의 이야기다. 그가 어린 시절 농장에서 살았을 때, 그의 아버지가 고집스러운 송아지를 외양간에 들어가게 하려고 하는 것을 보았다. 아버지가 송아지를 외양간에 들어가게 더 열심히 시도할수록 송아지는 더 고집스러워졌다. 그는 아버지의 당혹스러움과 송아지의 저항을 보고 난 뒤, 아버지의 곤경에 웃음을 터뜨렸다. 아버지는 당혹스러워하며 그에게 말하였다. "네가 나보다 잘할 수 있다고 생각하면 이리로 와서 송아지를 외양간에 들어가게 해 보렴." 순간의 통찰력으로 소년은 송아지의 뒤쪽으로 뛰어가서 송아지의 꼬리를 외양간 반대쪽으로 잡아당겼다. 그러자 송아지는 외양간 쪽을 향하여 즉시 움직였던 것이다.[5]

고집이 센 송아지나 내담자를 직접적이고 합리적인 방향으로 움직이게 도와줄 수 있다면 그 방향으로 가는 것이 당연한 것이다. 그러나 저항으로 합리적이고 논리적인 접근을 받아들일 여지가 없으면 역설적 사고를 이용한 다른 방법들을 시도해 볼 수도 있다. 몇 세기 동안 부모들은 아이가 고집스럽게 부모를 조종하려고 한다고 느낄 때, 아이에게 심리학을 역방향으로 사용하곤 했다. 즉, 부모에게 가출할 거라면서 협박하는 아이에게 오히려 부모가 짐을 싸는 데 도와준다고 하면 아이는 자기의 방법이 효과가 없다는 것을 알게 될 것이다.

합리적이고 논리적인 방법들이 효과가 없을 때에는 사람들과 비합리적인 측면에서 연관을 갖도록 해 보는 것이 더 중요할 수 있다. Allen Fay는 다음과 같이 말한다.

> 대부분의 사람들은 사실, 증거, 자료들과 합리적인 주장들을 제시함으로써 잘못된 신념들을 포기하게 할 수 있지만, 고착된 비합리적인 신념은 설득이나 논리로 고쳐지지 않는다. 더 큰 비합리성이 비합리성을 이겨 낼 수 있을지 몰라도, 흔히 합리성은

> 비합리성을 효율적으로 이겨 내지 못한다. 우리의 비합리성이 다른 사람에게 더 과장된 형태로 보여졌을 때 비합리성에 대한 저항이 생긴다. 우리는 우리 자신의 비합리성이 다른 사람을 통해 비춰지기 전에는 그 비합리성을 잘 알아차리지 못하는 경향이 있다.[6]

역설적 사고와 같은 비합리적 개입으로 내담자의 비합리적인 신념들과 행동들을 다루는 것은 개인, 부부 또는 가족의 생활에 해를 끼치는 자기 패배적 신념과 행동들을 자각하게 하는 일종의 인식증진의 방법 중 하나라고 생각할 수 있다. 조금 이상한 방식이지만, 역설적 개입은 내담자의 비합리적인 대화의 핵심에 대하여 언급하는 로저스학파의 성찰과 비슷하다. 이러한 역설적 사고를 사용하는 것은 이미 사람들이 살아가고 있고 자기의 삶의 지침으로 사용하고 있는 신념들과 선택들을 언급하는 방법이다.

역설적 개입을 보는 또 다른 방식은 이것이 내담자들로 하여금 자신의 진정한 신념체계를 고백할 수 있도록 도와주려는 시도로 보는 것이다. 개인에게 작용하는 신념체계를 고백하는 것은 회개나 다른 방향을 선택할 수 있게 하는 자유, 혹은 생활과 삶에 대처하는 새로운 방식으로 전환할 수 있는 가능성을 제시해 준다. 어떤 상황에서도 비합리적 신념들이 인정되거나 고백되지 않으면 개인, 부부 또는 가족에게 죄의 고백, 변화 그리고 전적인 회개가 일어날 가능성은 희박하다. 개인이 가지고 있는 고착된 우상숭배적 세계관과 신념체계의 인식 혹은 인정이나 고백은 삶에서 새로운 선택을 할 수 있는 자유를 되찾는 데 도움을 준다. 목회상담사는 사람들이 자신이 지니고 있던 세계관, 신념들과 가치관들을 계속해서 지니고 살아갈지 아니면 다른 신념들과 가치관들을 택할지 결정하는 데 도움을 주는 촉매제 역할을 한다.

목회 심리치료사는 흔히 사람들이 다른 생활 방식을 선택할 수 있는 자유를 가지길 희망하면서, 그들을 지금의 방식으로 기능하도록 만드는 바퀴자국들을 보는 것을 도와주어야 한다. 미국 메인 주에서 포장도로와 비포장도로 연결점에 있는 한 표지판에 관한 이야기가 있다. 추운 날씨에서도 봄처럼 얼음이 녹는 데 익숙한 사람들은 눈이 녹을 때 차가 지나가면서 진흙에 깊은 바퀴자국을 만들고 기온이 영하일 때는 그것이 그 상태로 굳는다는 것을 알 것이다. 이렇게 언 바퀴자국 웅덩이를 예상하고서 표지판은 다음과 같이 쓰여 있다. "바퀴자국을 잘 선택하세요. 아마도 다음 9마일 내내 그 틀 속에 있게 될 것입니다." 사람들의 잘못된 세계관, 스스로를 파괴하는 신념체계들과 우상숭배적인 각본으로 인해 주입된 구원의 방어 전략들은 앞에서 이야기한 이미 패어 빠지기 쉬운 바퀴자국 틀과 같다.

목회상담사들은 사람들이 변화에 대하여 저항하는 가장 근본적인 원인을 이해해야 한다. 사람들은 변화에 대하여 저항하는 자신의 심리 안에 꽉 막힌 데가 있다는 점에 대해, 종종 자기 자신조차도 부인을 하는 꽤 그럴싸한 주관적인 이유를 가지고 있다. 대부분의 경우에 이러한 주관적인 이유 속에 안전에 대한 욕구가 깊이 새겨져 있기 때문에 사람을 변화시키기란 거의 불가능한 것처럼 만든다. 비록 이러한 이유들이 상담사에게 처음에는 이해가 되지 않겠지만 이러한 이유들을 명확하게 하는 것은 중요하다. 사람들은 종종 자멸적인 행동의 대가와 보상을 명백하게 알게 된 연후에야 비로소 자유롭게 다른 선택들을 할 수 있게 된다.

Harold Greenwald는 직접적 결단요법$_{\text{direct decision therapy}}$에 대한 자신의 저서에서 다음과 같이 말했다.

> 시작이 어떻든 간에 모든 성공적인 치료는 환자가 결국 자신의 삶을 변화시키려는 결정을 한다는 점에서 똑같은 결과를 가지고 종료된다는 것이 분명해졌다. 대부분 이러한 결정은 자신의 삶을 변화시키는 것이거나 자신의 생활 방식 또는 자신이 세상에서 존재하는 양식을 바꾸는 결단이다. 또한 환자가 나타내는 특성은 이전에 있었던 결정들의 결과에 따른 것으로 보인다. 그렇다고 내가 다른 요소들의 존재를 부정하거나 인정하지 않는 것은 아니다. 물론 그 사람의 유전적 요소와 그 사람의 전 생애사로부터 온 영향도 있다. 그러나 여전히 물려받고 학습 받은 것을 어떻게 사용할지 결정할 여지가 개인에게 있다. 심리치료가 주요한 영향력을 미칠 수 있는 곳이 바로 이 선택의 영역이다.
>
> 이러한 결론을 내리고서 나는 변화하게끔 하는 결정을 내리도록 하는 데 효과적으로 작용하는 방법을 연구하기 시작했다. 지금 나는 이것을 3단계 과정이라고 생각한다. ① 그 사람이 지금 어떤 결정에 의해서 움직이고 있는지를 알아내는 것, ② 그 사람으로 하여금 현재 그의 생활 방식은 예전에 그가 선택한 결

과라는 것을 인식하게 하고, 그가 선택한다면 다른 선택들을 할 수 있다는 사실과 그가 할 수 있는 여러 가지 선택 상황들을 보여 주는 것, ③ 그가 택한 새로운 선택을 시행하는 것을 도와주고 그의 새로운 선택을 시행하는 데 있어 어떤 심리적 장애가 있을 수 있는지 연구해 보는 것이 그것이다.[7]

자기 자신도 종종 부인하는 그럴싸한 주관적 이유들이 어떻게 사람들로 하여금 고착된 방법으로 살아가게 하는지에 대한 몇 개의 예를 살펴보자. 예를 들어, 불감증을 가진 여성이 있다. 그녀가 남편에게 불감증이어야 하는 것이 왜 그녀에게 중요한지에 대한 그럴싸한 주관적인 이유들을 이해하려고 거듭 노력하는 과정에서, 그녀는 그녀를 불감증이 되도록 한 유년 시절의 경험들을 기억해 내게 되었다. 가장 주요한 이유는 통제를 잃을까 하는 두려움에 있었다. 남편과의 성적인 만남에서 스스로가 자발적으로 움직이도록 허락하지 않는 것이야말로 자신의 정체성을 보호하고 그녀의 개성의 통일성을 잃지 않는 방식이었던 것이다. 불감이 되는 것이 왜 중요한가에 대한 그럴싸한 주관적인 이유들을 자각하고, 인정하고 고백하도록 도움으로써 그녀는 이제 그와 똑같은 패턴으로 남아 있기를 원하는지 스스로 결정할 수 있는 더 많은 자유를 확보하게 되었다. 내담자의 그럴싸한 주관적인 이유를 인정하고 두려움 혹은 불안감으로 인해 자기파괴적인 행동을 선택하는 것 사이에 선택의 자유가 있다는 것을 확인시켜 주는 것은 낙타가 가고 있는 방향으로 올라 타는 중요한 치료적 입장이다.

또 다른 예를 보자. 혼외 관계를 갖고 있는 기혼 남성이 있었는데, 결국 자신의 혼외 관계가 부인에게 발각되었다. 부인은 그에게 그 여자를 포기하든지 결혼관계를 끝내든지 결정하라고 한 달의 기간을 주겠다고 말하였다. 그 남성은 고민에 휩싸였고, 자신이 겪고 있는 불면증, 두통 그리고 신체적인 불편을 치료사에게 털어 놓았다. 치료사는 그의 신체적인 증상이 문제가 되기는 하지만 내담자가 은근히 그의 불편한 감정과 직면하기보다는 자신의 불안을 신체적으로 표현하기를 더 좋아한다는 점을 말해 주었다. 치료사는 사실상 당나귀가 자신의 왼쪽과 오른쪽에 있는 건초 더미를 바라보면서 이쪽을 취하면 저쪽을 잃을까 봐 겁이 나서 앞으로 움직이지 못하는 형국과 같다고 내담자에게 말해 주었다. 결정하지 않기로 결정하는 것은 단점이 있지만, 위험과 손실로부터 보호막이 생긴다는 장점도 동시에 지니고 있다.

가끔 자신의 내담자들이 변화하는 것을 보고 싶은 상담사들에게 내담자들이 변화하지 않겠다고 결정할 수 있는 권리를 진심으로 인정하는 것은 매우 어려운 일이다. 목회상담사는 때로 어떻게 하나님께서 우리가 순종적이지 않고 우리에게 가장 좋은 것을 따르지 않고, 하나님의 뜻과 일치되지 않을 때조차도 우리 한 사람 한 사람을 사랑하시는지를 인식함으로써 자신의 길에 대한 인도함을 받을 필요가 있다. 변화를 거부하는 내담자의 저항을 인정함에 있어서 목회상담사는 자신의 자연스런 스타일에 역설적인 사고방식을 통합시킬 필요가 있다. 그러나 저항을 다루기 위해 자신의 성격과 가치체계에 맞지 않는 기술을 사용할 필요는 없다. 역설적 사고를 사용할 때 빈정거리는 투나 비판적인 태도를 보이지 않는 것도 매우 중요하다. 역설적 사고를 헐뜯는 것처럼 사용하기가 매우 쉽고, 이것은 즉각적으로 치료적 관계를 해칠 수가 있다.

목회상담사는 어떠한 사람들에게 역설적 사고를 사용할지에 대해 융통성이 있고 규범이 있어야 한다. 어떠한 내담자들은 역설적 개입을 감정적으로 불쾌하게 받아들이고 방어적인 태도를 취한다. 그러므로 역설적 개입이 사람들로 하여금 저항에서부터 벗어나도록 돕는 반면, 방어와 저항을 더욱 자극할 수도 있다. 상담사가 역설적 기법을 이용하는 데 있어서, 철학적이고 적대적이지 않은 유머 감각을 가지고 있는 것도 이러한 경우에 유용하다.

일부 목회상담사들은 본질적으로 저항을 밝혀내지 못하는 반면에, 많은 상담사들이 저항은 '어떤 가정된 이름하에 활발하게 살아 움직임'[8]이라고 인정한다. 예를 들면, 행동주의적 배경을 갖고 있는 상담사들은 순응과 불순응의 개념으로 이야기할 수 있다. 또한 가족치료 배경을 가진 상담사들은 저항을 치료적 관계 안에서 반복적인 가족 문제를 다시 재현함으로써 치료에 협력하는 독특한 방식으로서 이해할 수도 있다.

전형적인 사례

신경증 환자의 상황을 묘사하는 하나의 전형적인 사례를 보자. 어느 한 사람의 인생에서, 그 부모들은 의지할 수 있는 권위적 인물들이 아니었다. 내담자의 정서적인 지지와 관련해서 그들은 비판적이거나 판단적이거나, 혹은 거리감을 두거나 전혀 존재감이 없었다. 내담자에게는 성장하는 과정에서 아이가 부모에게 부모 역할을 자처하는 반동 형성의 방어기제가 발달되었다. 이것은 어른이 되어서도 지속되어, 결혼, 가정 그리고 직업적인 관계에 있어서도 초인적 여성이나 남성이 되면서 그 역할이 계속 이어졌다. 쌍둥이 우상숭배는 초인적인 일을 해내고 초인적으로 착해야 비로소 만족시킬 수 있는 적대관계에 있는 신에게 향한 것이다.

치료 과정에서 종종 순수한 자발성이 있고 개인의 욕구와 감정과 소통하도록 개방되어 있는 상처받기 쉽고 믿기 쉬운 작은 어린 자기child self에 다가가기 위해서는 큰 저항을 감수해야 한다. 목회상담사는 내담자의 세계관이나 신념체계와 연합함으로써 저항을 다루는 데 여러 가지 선택을 할 수 있다. 한 가지 방법은, 내담자가 자신의 어린 자기 또는 신에게 너무 가까이 다가가지 않는 것이 중요하다는 점을 공감적으로 나누는 것이다. 신에게 의지하게 되면, 그는 어린 시절 그가 다른 권위 대상들을 돌보았듯이, 이제는 신을 돌보게 되는 또 다른 역할 반전의 상황에 처하게 된다. 이를테면 초인적 개인의 역할에 머물러 있으려는 그럴싸한 주관적 이유는 그가 더 많은 통제력을 가지게 되고, 실망, 상처 그리고 다른 사람에게 통제 받을 가능성으로부터 덜 취약해지려는 것이다.

어떤 이는 "초인적 남성과 초인적 여성은 복이 있나니, 그들이 세상을 물려받을 것이요."라는 세속적 경전 진술로 개입을 할 수도 있다. 혹은 "만일 네가 강한 부모가 되지 않는다면 하나님의 나라에 들어가지 못할 것이요."라고 왜곡된 성서구절을 이용할 수도 있다. 또 다른 수준에서, 상담사와의 대화에나 신과의 대화에 등장하는 내담자의 내재적 주제를 다음과 같은 세속적 기도를 가지고 개입할 수 있다. "나를 도우사 흩어진 것들을 추스려 내가 다시 한 번 강해질 수 있고, 통제할 수 있도록 하여 주소서. 내가 상처받거나 약해서 다른 사람이 나를 돌볼 필요가 없도록 하옵소서."

신학적인 배경이 있는 내담자들에게는 현재 진행되고 있는 쌍둥이 우상에 대해 직접적으로 말할 수도 있다. 어떤 이는 권위적 이미지가 부모에서 신적 대상으로 투사되는 것을 논의하고, 개인의 잘못된 자아정체성이 우상에 의하여 지배되는 세상에서 살아남기 위해 자신의 성격을 희생시키고 왜곡시키는 방어 전략을 만드는 결과를 초래한다고 주장할 수 있다. 때로는 상담사가 내담자에게 아동기에 습득한 생존전략을 성인기까지 고집하는 것이 바로 그 내담자로 하여금 삶의 보다 성숙한 차원에 대해 마음을 열지 못하고 사랑과 구원의 선물을 진심으로 받아들이지 못하게 차단하는 것일 수 있다는 것을 보게 할 수도 있을 것이다. 때로는 초기 아동기에 내린 결정에 도전할 용기와 믿음을 갖지 못하는 자신을 바라보면서 일종의 정서적이고 영적인 현기증을 느낄 수도 있을 것이다. 그러나 바로 그 혐오감과 그 결과 생긴 우상에 대한 잠재적인 공격성이 변화를 가져올 수 있다.

어쨌든 자신들의 감정적이고 영적인 낙타를 구원에서부터 멀어지도록 잘못 타고 가는 사람들에게 돌봄과 사랑으로 소통하는 일은 은혜의 가능성을 열어 주는 바로 그런 작업이 된다. 예를 들면, 고통스런 일을 당해서 자기애적이고 방어적인 후퇴를 경험하고 있는 내담자에게 그가 겪고 있는 내적인 분리와 후퇴의 여행에 상담사 자신도 함께 동행하겠다고 말했을 때 깊은 감동을 받았다. 그리스도께서 지옥으로 내려오신 것처럼 목회상담사는 내담자의 심리내적이고 대인관계적인 지옥으로 내려가서 하나님의 구속적이고 치유적인 사랑이 내담자가 '음부에 자리를 펼지라도' 거기에 있다는 진리를 증거할 수 있을 것이다.

신학적인 관점

신학적인 관점에서 보면, 저항은 우상숭배에 대한 집착이다. 저항은 그 뿌리에서부터 개인의 잘못된 세계관, 궁극적 실재와 그 궁극적 실재 내에 있는 개인의 위치와 정체성에 대한 근본적으로 잘못된 개념, 하나님의 속성과 인간의 본성 및 삶의 궁극적인 의미에 대한 잘못된 인식을 고집스럽게 붙들고 있는 것이다. 개인의 인생사야말로 진정한 관점이고, 성서에 계시된 좋은 소식의 복음 이야기가 자신에게는 사실이 아니라는 것은 지속되어 온 신념이다. 저항은 근본적으로 계시, 은혜, 복음 그리고 좋은 소식을 막는다. 이는 은혜롭고 사랑하는 하나님이 예수 그리스도의 인간됨을 통하여 주시는 구원의 선물을 거부하고, 두려운 세계 속에서 자신만의 구원의 방어 전략을 선택하는 것을 의미한다. 이러한 영향 아래서 그리스도의 희생과 부활 안에 있는 하나님의 용서와 힘 주시는 사랑을 받는 대신, 자신의 성격을 여러 가지 방식으로 왜곡하여 결국 자기 자신을 희생하는 것을 선택하게 된다.

저항이란 필요한 유일한 구속을 이미 이루어 주신 하나님의 놀랍고 주도적인 사랑을 신뢰하는 대신에, 자신 스스로 구속을 이루어야 하는 볼품없고 존재하지 않는 신에 대한 우상숭배적인 견해를 고집하는 것을 의미한다. 그것은 은혜의 가능성을 향해 마음을 열기보다 '차라리 나 스스로 하고 말겠어' 라는 자기애적인 도전과 절망의 요소들을 갖고 있다. 저항은 평안함과 안전을 경계하면서 불안을 가두어 놓음으로써 위험을 최소화하고자 한다. 신실한 개방과 비교하여 불신의 입장을 요구하면서, 저항은 세상이 믿을 만한 곳이 못되기에 자궁 같은 안전 속으로 자기 자신을 가두는 것과 같다. 마침내 저항은 사랑의 모험이 너무나 두렵기에 개인적인 지옥에 고립되기를 선택하는 것이다.

저항과 대면하면서, 목회상담사는 그리스도 안에서 새로운 피조물이 될 수 있는 가능성의 구현자이자 중재자가 되어야 한다. 옛 세계관, 잘못된 신념체계와 자기파괴적인 우상숭배에 집착하면서 새로운 피조물이 되기를 강하게 저항하는 사람들을 사랑해 주고 돌보아 주는 것은 속죄와 치유의 목적을 위해서 상담사들이 내적으로 짊어져야 할 십자가의 일부다.

Taking
On the
Gods

Chapter
3

결혼과 가족상담 안에 내재된 종교 드라마

Chapter 3

Taking on the Gods

결혼과 가족상담 안에 내재된 종교 드라마

개인의 결혼 선택과 상호작용에 있어서 우상숭배의 영향

성 생활에 관해 논의하고 있던 여성 치료 그룹의 한 모임에서 Claudia는 그녀의 이야기를 부끄럽지만 용기 있게 나누었다. "제 남편 Bruce는 저와 성 관계를 원하지 않아요. 저는 너무 답답해서 제가 바보가 된 느낌이에요. 저와 친하게 이야기를 나누는 여성들의 대부분은 남편이 성 관계를 너무 많이 원한다고 불평하는데 저에게는 너무 이상하게 보여요. 제 결혼과는 전혀 다른 이야기거든요. 저의 남편은 저와 성 관계를 원한 적이 없어요. 이것이 저에게는 고통스러워요. 제가 여성으로서 어떤 문제가 있나요? 아니면 내가 여성으로서 충분히 매력이 없어서 그가 나를 원하지 않는 건가요? 아니면 내가 너무 성에 집착해서 Bruce가 말하는 결혼생활의 정상적인 성적 관계를 못 받아들이는 건가요? 때로는 저의 성적 욕구 때문에 제가 비정상이나 변태적인 것이 아닐까 두려워요. 저의 어머니는 성 관계가 더럽고 사악한 것이라고 느끼게 했어요. 어머니는 남자들은 동물들이고 여자들은 결혼의 의무로서 성 관계를 견뎌 내야 한다고 말했어요. 그러나 저의 의사 선생님은 어머니의 태도가 잘못되었다고 말했어요. 여성도 결혼생활에서 성적 만족감을 기대할 권리가 있어요. 그는 제가 성 관계를 갖고 싶고 그 관계를 즐기고 싶어 한다는 것이 비정상이 아니라고 말했어요. 그는 심지어 제가 성적 만족감을 만족시키기 위해서 다른 사람과 관계를 맺으라고 여러 번 권유했어요. 저는 당신들이 이 권유에 대해서 어떻게 생각하는지 알고 싶어요. 저는 단지 제가 성 관계에 행복할 수 있고 또는 남편에게 남편 없이도 혼자 잘살 수 있다는 것을 보여 주고 싶어서, 가끔 의사 선생님의 충고를 받아들일까 하는 유혹을 받아요. 그러나 저는 그런 성 관계를 맺은 후 죄책감을 느껴서 더 나쁜 상태로 빠져들 것 같아서 겁이 나요."

이러한 논의 중, 한 그룹의 멤버가 물었다. "당신은 결혼 전에 당신의 남편이 이럴 거라는 것을 예상했나요?" Claudia는 대답했다. "네, 지금 결혼 전을 돌이켜 보면 그런 암시가 있었던 거 같아요. 근데 그때 저는 이런 식으로 생각을 못했어요. 기억해 보면 여러 명의 남성과 교제를 할 때는, 그들 모두 성 관계를 최대한 많이 하려고 했어요. 그러나 저의 양육과정이 공격적인 남성들을 싫어하게 했고 저와 성 관계를 맺으려는 사람들은 저를 진정으로 생각하지 않고 더럽고 사악하다고 생각하게 했어요. 그들은 성 관계만을 원했어요. 그러다가 Bruce가 나타났어요. 그는 다른 사람들하고 달랐어요. 그는 매우 친절하고 신사다웠어요. 그는 저에게 성 관계를 요구하지 않았고 사귄 지 몇 달 후에야 저에게 잘 자라고 키스를 해 줄 정도였어요. 저는 그가 나를 존중하고, 인격이 높으며 도덕적이고 영적인 성격의 소유자라고 생각했어요. 그래서 저는 그와 결혼했어요. 지금에서야 저는 그의 '미덕' 을 제가 잘못 해석했던 것을 알아요. 저는 그것이 다 고상하고 좋았다고 생각했지만 이제는 그것의 대부분이 두려움, 억압과 성적 문제라는 것을 깨달았어요."

Claudia의 이야기에는 많은 도덕적이고 윤리적 질문들이 내재되어 있다. 물론 가장 중요한 문제는 불륜 관계를 맺는 것이 그녀의 결혼과 성 문제들을 해결해 줄 것이라는 비극적인 충고다. 그녀가 남편과 계속해서 결혼생활을 유지해야 하는가 하는 문제와 마찬가지로, 성에 대한 건강한 태도에 관한 질문은 또 다른 도덕적인 문제다. 이런 문제들이 중요한 만큼 우리는 결혼 상담 상황들에 있어서 흔히 간과되는 신학적 암시에 초점을 맞추어 보자. 우상숭배의 개념과 잘못된 신념체계를 배우자 선택과 결혼의 상호작용과 연관시켜 보자는 것이다.

위에 제시된 자료와 다른 증거에 의하면 Claudia가 어린 시절부터 성에 대한 태도에 있어서 그녀의 어머니를 절대적 권위자로 받아들였다는 것을 분명히 알 수 있다. 그녀는 어머니의 가치관들을 그녀가 이해한 대로 받아들였다. 그래서 그녀는 모든 적극적인 남성이 나빠 보였고 Bruce와 같이 소극적인 사람들은 착해 보였던 것이다. 엄밀히 따지자면, 부모에 대한 아이의 이미지가 실질적인 부모와 다소 차이가 있을 수 있다는 것을 지적하는 것은 매우 중요하다. Claudia의 어머니는 그녀가 생각했던 것처럼 정숙하고 엄격하며 율법적이지 않을 수 있다. 하지만 그럼에도 불구하고 그녀는 자신이 '인식했던' 어머니의 이미지대로 행동했다. Eric Berne이 말한 것처럼 "개인은 상황이 어떤지에 따라 행동하고 느끼는 것이 아니라, 그것들이 어떤지에 대한 개인의 정신적 이미지에 따라 느끼고 행동한다."[1] Claudia는 자신의 어머니가 선하고 진정한 궁극적인 권위자라는 우상숭배적인 신념을 가지고 있었고, 남녀관계, 성 관계 그리고 결혼에 대한 어머니의 충고를 복음적인 진리로 받아들였다. 이러한 경우가 보여 주듯이 한 개인의 인생에서 파괴적인 영향을 주는 우상은 종종 어느 정도까지는 좋다고 여겨진다. 우상의 권위는 한 번도 의심되지 않게 마련이고, 개인은 우상의 태도와 가르침을 좋다고 생각하는 반면 자신의 필요와 느낌은 나쁘다고 간주한다.

결혼생활에서 부모의 이미지를 우상화하는 영향은 신혼 부부가 침대에서 수줍게 옆으로 누워 있는 만화에서 잘 묘사되고 있다. 침대 위의 벽에는 인상을 쓰면서 부부를 내려다보는 부모님들의 사진이 걸려 있다. 잔뜩 찌푸린 부모님의 얼굴들은 "너희들은 성 관계에 탐닉하길 원하는 나쁜 아이들이야."라고 말하는 듯하다. 관찰자들은 부부의 표정에서 흘러나오는 죄책감과 수치심을 볼 수 있다.

결혼생활에서 우상의 역할을 부각시키는 또 다른 예를 보도록 하자. 내담자 Jane과의 첫 인터뷰에서 나는 그녀가 갑작스럽게 "남자라면 이젠 지긋지긋해요. 이번이 벌써 세 번째 알코올 중독자 남편이라니까요."라고 말하는 것을 듣고 놀란 적이 있다. 그러나 그녀는 또한 자신의 반복적인 남성 선택에 대하여 그녀 자신에게 어떤 문제가 있지 않을까 걱정하면서, "저는 왜 가장 중요한 관계들이 이토록 혼란스러워지는지 알고 싶어요."라고 한탄하기도 하였다.

그녀의 삶을 돌아보면서 Jane은 그녀가 어렸을 때부터 정서적인 장애자들을 돌보아 왔다는 것을 자각하게 되었다. 그녀의 어머니는 아주 작은 정서적인 문제에도 울고 두통이 생기며 침대에 아파 누워 버리는 연약한 여성이었다. 4세 때부터 Jane은 엄마의 감정에 스스로 책임을 느꼈고 엄마를 어떠한 압박, 비난 또는 상처들로부터 보호하려고 노력했다. Jane은 그녀의 엄마를 그녀의 어린 자기$_{child-self}$와 함께 놔두는 것이 안전하지 못하다고 판단하고, 자신을 엄마의 딸이 되기보다는 엄마의 어머니가 되는 것으로 바꾸어 버렸다.

Jane의 아버지는 폭력적인 사람이었다. 그녀는 집에 있는 어떤 것도 아버지를 화나지 않도록 아버지를 진정시키는 법을 빨리 터득했다. 그녀는 아버지의 정서적 미성숙함과 폭발성으로부터 그녀 자신과 그녀의 어머니를 보호하려고 했던 것이다. Jane은 자신의 어린 자기를 맡길 수 있는 믿을 만한 권위적 인물이 없는 환경에서 '네 살에서 바로 마흔으로 넘어간' 아이였다. 반려자를 선택할 때에도 그녀는 미숙한 사람들을 돌보고 보호해 주던 유년 시절의 습관을 단순히 반복하고 만 것이다.

연애할 때에 미래 반려자의 어떠한 성격들이 자신의 어린 시절의 습관이나 해결되지 않은 문제들을 상기시켜 준다는 점을 알 수도 있지만 이러한 암시들을 무시하고 만다. 또한 사람들은 상대방이 어린 시절의 우상적 권위자들과 비슷한 성질을 지니고 있는 것을 애써 부인하면서 잠재적인 반려자들을 어린 시절 중요한 대상들과는 정반대되는 인물로 이상화시키는 경향이 있다. 실제로 사랑하는 사람은 자신을 과거의 상처들과 결핍들로부터 구원해 줄 낭만적인 구원자로 보일 수 있다.

나중에 결혼생활에서 서로 상호작용을 해 가면서 부부는 이상화된 이미지들이 서서히 없어지고 부정적인 이미지들이 부각된다는 것을 느낄 것이다. 우상 이미지와의 해결되지 않은 문제의 활성화는 부부 관계에서 무의식적으로 실행될 수 있다. 그러면 반려자에게는 나쁜 부모 이미지가 투사되고 우상과 관련된 복잡한 느낌들이 그들을 향해 쏟아진다. 그러므로 부모-자녀 관계에서 발생하는 해결되지 않은 우상숭배의 근본적인 문제는 결혼생활에서 다시 반복된다. 한 사람이 홧김에 배우자에게 "당신은 내 아버지어머니와 똑같아요."라고 말하지만 그는 자신이 내적인 아버지나 어머니와의 해결되지 않은 우상 관계를 결혼생활로 가져왔다는 것을 깨닫지 못한다. 목회상담사는 결혼생활에서 나타나는 '신성한 막장holy deadlock'*이란 해결되지 않은 유년기 우상숭배가 결혼생활 안으로 부활한 결과일 수도 있다는 점을 알아야 한다.

> * 역자 주: 『신성한 막장』은 1934년 영국작가 A. P. Herbert의 소설의 제목으로, 저자는 당시 보수적인 이혼법의 부조리성을 비판하면서, 더 이상 이혼을 범죄로 보지 말고 불필요한 간통행위를 막을 수 있는 기회라고 보는 시각으로 당시 이혼법 논쟁의 불을 지폈다.

실제로 목회상담사는 우상

숭배적 관계가 결혼생활 중 재현되는 것은 반복되는 꿈들로 해결되지 않은 심리적 외상을 지배하려는 것과 비슷한 방식으로 우상숭배를 해결하려는 시도라고 가정할 수 있다. 불행하게도 이러한 갈등들의 복잡한 망에 얽혀 있는 부부들은 그들의 관계를 개선하려고 애쓰고 있음에도 불구하고, 자신들이 하는 노력이 우상숭배의 근본적인 문제들을 해결할 수 있는 기회라는 것을 알아차리지 못한다. 그러므로 상담은 이 불행한 부부로 하여금 그들의 심리내적인 우상들이 속임수의 거짓말과 위험한 증언을 하면서 개인의 평안을 앗아간 것처럼 결혼생활의 조화도 어떻게 파괴시켜 왔는지 이해하도록 도와주어야 한다.

연합(cleave)하기 전에 떠나라(leave)

만약 유년 시절의 해결되지 않은 '노래와 춤' 이 결혼생활에 갈등을 유발하였다고 믿는다면, 우리는 결혼예비상담premarital counseling에서 부부의 가족사를 집중적으로 다루어야 한다고 믿을 수밖에 없다. 신혼 부부의 성장 경험을 위한 상담뿐 아니라 결혼예비상담과 교육은 사람들로 하여금 결혼생활의 성장에 잠재적인 장애나 방어막이 될 수 있는 가족의 패턴, 신념들, 가치들을 보도록 장려해야 할 것이다. 부부는 서로 다른 유년 시절 역사 속의 패턴, 규칙, 역할과 기대감들을 어떻게 새로운 관계로 가져오는지를 배운다. 한 동료는 그와 그의 아내가 신혼 초에 싸웠던 이야기를 통하여 부부 갈등들이 서로 다른 역사로 인하여 얼마나 발생하게 되는지에 대하여 들려 주었다. 어느 일요일 그는 아내가 준비한 소스를 그의 고기와 감자에 얹고서 물었다. "이 소스 맛이 왜 이래? 너무 진한데." 아내는 곧이어, "이 소스는 아무 문제없어요. 아주 완벽한 소스네요!" 뒤 이은 언쟁 중에서 부부는 문제의 본질을 알아냈다. 남편의 어머니는 항상 싱거운 소스를 만들었기 때문에 그에게 맛있는 소스는 옅은 맛이었다. 반면, 아내의 어머니는 항상 진한 소스를 만들어서 그녀에게 맛있는 소스는 진한 맛이었던 것이다. 이러한 이해에 다다랐을 때 긴장감은 순식간에 사라졌다. 부정적인 판단을 하는 것보다 단순히 서로의 역사적 차이점을 인정하는 것이 관계를 발전시키는 데 있어서 하나의 성숙한 도약이 된다.

최소한 몇 년 동안 결혼의 안정성을 보장해 주는 결혼예비상담의 사후보증을 해야 한다면, 나는 각 파트너 및 그들과 연결된 가족들과 따로 만나면서 이를 준비해야 할 것이다. 목회상담사와 이러한 대화를 나누는 것에 대해 열려 있는 예비부부나 협조할 가족들도 별로 없겠지만, 나는 결혼 상대자의 가족들을 포함하는 결혼예비상담이 임박해지고 있다고 생각하고 다음과 같은 과정을 포함할 수 있다고 본다. 먼저 예비부부와 상담을 한 후에 목회상담사는 각자에게 그들 유년 시절에 있어서 중요한 사람들significant others을 최소한 두 시간 정도 상담회기에 초대를 하라고 요청한다. 한 회기는 신랑과 그의 가족과 함께 이루어지고, 신부와 그녀의 가족과 함께하는 또 다른 회기가 이루어진다. 그 회기의 초점은 결혼하는 사람의 성격을 형성하는 데 영향을 끼친 가족사 그리고 관계들과 사건들을 다루는 데 있다. 가족들이 출생, 건강, 어린 시절, 학창시절, 사춘기, 청년기 등 한 개인의 삶에 있었던 중요한 사건들을 함께 회상하면서, 과거에 있었던 '노래와 춤' 들을 논의하게 된다. 가족생활의 규칙과 습관들도 검토된다. 가족 사진앨범과 같은 자료도 이러한 논의를 진행하는 데 도움을 준다. 이러한 과정의 목적은 한 개인이 자신이 결혼생활로 가지고 가는 자신의 역사를 보다 잘 인식하면서 이제 새로운 결혼생활을 어떻게 영위할지에 대하여 보다 자유로운 선택을 할 수 있도록 도와주는 것이다.[2] 사람들은 과거의 '집안 신들household gods' 로부터 해방되어서 자기 자신만의 신을 자유롭게 선택할 필요가 있고, 결국 자신들의 인생과 결혼을 스스로 신뢰하고 책임질 필요가 있다.

친밀한 관계와 의사소통에 관한 두 가지 은유

모든 아이는 성장하는 동안 두 가지 중요한 욕구를 갖고 있는데, 그것은 뿌리와 날개라는 용어를 포함하는 다양한 명칭들로 묘사된다. 뿌리roots는 연합, 귀속의식, 일체감, 공동체, 교제에 대한 인간 욕구에 속하는 것이다. 날개wings는 분화, 자유, 개성화 욕구와 관련된 것이다. 발달 심리학자들은 이런 두 가지 중요한 인간 성격의 욕구들이 어린 시절 중요한 다른 사람들과 관계를 맺는 것이고, 자신의 독특한 정체성을 발전시키는 것이라고 가정했다. 병리학은 종종 유아 또는 청소년기에 가족들이 이런 근본적인 욕구들을 충족시키는 것에 실패했을 때 자주 인용된다. 젊은이들이 사랑과 자유, 수용과 개성 사이에서 선택해야 할 의무는 없다. 각 사람들은 둘 다 필요하다. 예수의 유년기에 대한 토론에서, Paul Tournier는 예수가 '복종의 신경증the neurosis of submission' 이나 '반항의 신경증the neurosis of opposition'[3] 중 하나를 선택하지 않았다는 것에 주목한다. 다음의 두 이야기는 개인의 자유를 제한하고 억제하든지 아니면 촉진하고 힘을 주는 관계 패턴에 대한 좋은 예가 된다.

첫 번째 이야기는 양복을 구입하기 위해 특설 의류매장으로 간 중년 신사에 대한 이야기다. 점원이 다가왔을 때 중년 신사는 양복들 중 하나를 입어 보고 거울을 보고 있었다. 고객은 점원에게 "재킷 소매가 너무 길군요."라고 말했고, 점원은 "그러면 소매가 올라가도록 어깨를 구부려 위로 올리세요. 그러면 소매가 확실히 맞을 거예요."라고 말했다. 고객이 자신의 어깨를 구부려 위로 올려 입자, 소매는 적당해 보이는 곳까지 올라왔다. "글쎄, 바지 길이도 너무 길군요." 고객이 말했다. "그러면 무릎을 얼마간 쭈그려 구부리면 알맞은 길이로 바지 길이가 올라갈 겁니다."라고 점원이 말했다. 고객은 어쩔 수 없이 얼마간 쭈그리고 구부리자 바지도 적당한 길이가 되었다. "그럼, 이 양복을 구입하겠습니다. 그리고 집에 입고 가겠습니다."라고 신사는 말했다. 구부리고 걸어야만 맞는 새 양복을 입고 가게 밖으로 가는 도중에, 그는 가게로 오고 있는 두 여자를 만났다. 한 여자가 다른 여자에게 "저기 불쌍한 불구의 신사를 좀 봐."라고 속삭였다. "그래, 그래도 아주 잘 맞는 양복을 입고 있잖아."라고 다른 여자가 말했다.

람들을 도와 자유하게 만드는 중요한 방법들 중의 하나는 감정적인 고통과 상처를 표현하게 함으로써, 표면상으로는 부정적인 반항의 행동으로 보이는 그것을 드러내는 것이다. 상처와 감정적인 고통에서 비롯된 시무룩함, 과잉행동, 파괴적인 분노의 방어 반응을 재구성하는 것은 부부와 가족의 관계를 성장시키는 것을 돕는데 중요한 단계가 될 수 있다. "애통하는 자는 복이 있나니, 저희가 위로를 받을 것임이요."라는 예수 말씀의 진리는 상처와 고통에 대한 건강한 감정 표현을 좌절시키고, 억제하고, 막아 온 잘못된 신념체계에 도전하기 위하여 교정된 권위를 지닐 필요가 있다.

사랑을 주고받기 위해 창조된 가족 환경에서 사랑, 돌봄, 온정, 애정, 친절의 나눔에 대하여 유해한 신념체계들이 얼마나 다양한지를 보는 것은 놀라운 일이다. 사람들은 종종 암묵적으로 혹은 표면적으로 사랑을 내보이는 것이 안전하지 않다고 배우고 있고, 실제로 당신이 다른 사람과 친밀해지면 당신은 결국 상처받을 것이라고 설득하고 있다. 만일 우리가 친한 관계에서 너무 많은 상처를 받았다면, 우리는 사랑하는 일에 얽히는 것과 다시 상처 입게 될 가능성으로부터 우리 자신의 안전을 유지하기 위해 노력할지도 모른다.

그럼에도 불구하고 우리가 충심으로 친절하게 다른 사람을 돌보고 다가가려고 하는 용기를 갖는 것은 친밀한 인간 교제를 위하여 필수적이다. Erich Fromm은 사람들이 사랑받지 못하는 상태를 두려워하는 한편, 더 깊고 좀 더 자주 무의식적으로 가지는 두려움은 바로 사랑하는 것에 대한 두려움임을 지적했다. Maslow와 Mittelman

은 사랑을 "자신의 방어를 저하시키고, 상처 입기 쉬도록 유약해지는 것"[6]이라고 정의하고 있다. 그러나 성장하는 동안 사람들에게 사랑하는 것이 너무 위험하다는 메시지를 준다면, 그들이 인생에서 사랑하는 관계를 만드는 가운데 만족감을 찾게 되리라고 느끼기는 어려울 것이다. 확실히 복음은 사랑하는 것에 대한 잘못된 신념들에 도전한다. 복음의 교정적인 진리는 예수 그리스도 안에 있는 하나님의 사랑의 은혜에 반영된 돌봄의 패턴 속에서, 그리고 인간의 거부를 뛰어넘은 하나님의 사랑의 승리에서 찾을 수 있다.

인간 경험의 가장 중요한 의미인 아가페 사랑이라는 주제를 가족적인 용어로 표현할 수 있는 이야기가 하나 있다. 어린 소녀가 어느 날 엄마의 무릎에 앉아 있었다. 어린 소녀는 엄마의 얼굴을 올려다보며 말했다. "엄마, 엄마는 아름다운 얼굴과 반짝거리는 눈, 그리고 아름다운 머리카락을 가지고 있어요. 그런데 왜 엄마의 손과 팔은 그렇게 보기 흉해요?" 엄마가 대답했다. "네가 아기였을 때, 어느 날 저녁 엄마는 아가용 침대에서 잠자는 너를 혼자 두고 외출했었단다. 너를 집에 혼자 두고 나간 것은 그때가 처음이었지. 엄마는 몇 분 동안 이웃을 방문하기 위해 길을 내려갔단다. 길을 걷는 동안, 우리 집에 화재가 났지. 불타고 있는 것이 우리 집이라는 것을 알았을 때, 나는 단숨에 길을 뛰어 올라왔단다. 나는 불꽃 속으로 뛰어들었고, 너를 아가용 침대에서 끌어냈지. 엄마는 너를 내게로 꼭 안았고, 널 화염에서 지키기 위해 내 손과 팔로 보호하려고 했었단다. 우리는 밖으로 안전하게 피했지만, 엄마의 손과 팔은 불에 몹시 데었단다. 그것이 손과 팔이 이렇게 추한 이유지." 그 어린 소녀는 눈물을 글썽거리며 엄마의 얼굴을 다시 바라보며 말했다. "엄마, 엄마는 아름다운 얼굴과 반짝거리는 눈, 그리고 아름다운 머리카락을 가지고 있어요. 그렇지만 엄마의 손과 팔은 그 모든 것 중에서 가장 아름다워요."

진정한 사랑은 아름답다. 상처와 거절감에도 불구하고 사랑은 다시 생겨난다. 사랑하고 사랑받는 것은 사람의 진정한 자기와 그 사람에게서 하나님의 독특한 이미지를 완성하는 데 가장 본질적인 것이다.

종교적인 드라마로서의 가족 역동

가족은 일반적으로 종교적인 용어나 신학적인 개념을 통해 어떤 의식적인 명시가 없이도 신학적 의미와 종교상의 가치를 찾을 수 있는 상호작용의 단위다. 가족에 대한 여러 심리적이고 사회학적인 주장들이 있지만, 나는 암묵적으로 삶에 드러나는 가족만의 독특하고 의미심장한 종교적인 드라마가 가족체계를 이해하는 데 도움이 될 수 있다고 믿는다.

가족치료는 기본적으로 가정에서 일어나는 종교적인 드라마에 관심을 가지고 개입하는 것이다. 가족치료사들은 그들이 오랫동안 가치, 의미 또는 신념체계를 다루어 왔다는 것을 잘 인식하고 있지만, 그럼에도 불구하고 그들은 가족 역동을 하나의 '종교적인' 드라마로 개념화하지는 않았다. Nathan Ackerman이 일찍이 가족치료 초기에 규정된 환자identified patient를 가족의 '속죄양scapegoat' 으로 개념화하고 사람들이 그 용어의 종교상의 어원과 의미에 주목했었던 반면, 가족치료 연구에 있어서 가족치료가 가족의 삶과 성장, 그리고 항상성homeostasis에 있어서 중요한 역할을 하는 심오한 종교적 주제들과 신화들이 가지고 있는 숨은 신학적 체계를 다루고 있다는 점에 대해서는 거의 연구가 이루어지지 않아 왔다.

가족 역동에서 어떤 신학적인 시각들이 있는지 잠시 살펴보자. 무엇보다도 가족 역동에서 규정된 환자나 속죄양의 역할에서 실행되는 속죄atonement의 주제를 살펴보자. 속죄양은 가족의 문제에 대해 책임을 지는 사람이다. 가족의 무거운 짐을 스스로 지고 갈등의 초점인 존재로서, 속죄양은 희생적인 어린 양이 됨으로써 가족을 위한 죗값을 책임지려고 노력한다. 어떤 가족치료사들은 역설적인 방법으로 속죄양이 된 가족구성원에게 말한다. "당신은 당신 가족을 위해서 숭고한 희생을 하고 있어요. 당신의 문제들로 가족들의 주의집중을 빗나가도록 해서, 당신의 부모님이 그들의 결혼과 개인적인 문제들에 집중하는 것을 막고 있지요. 당신이 가족 안에서 다른 사람들에게 행한 이타주의와 헌신적 희생은 칭찬받아야 해요."

가족의 다른 구성원들은 처음에는 치료사가 질 나쁜 종자가 하는 역할을 숭고한 희생자의 역할로 새롭게 이름을 붙이는 작업을 이해하지 못할 수 있고, 당사자도 종종 그 역할을 부인할 수 있다. 속죄의 기초를 이루는 이런 개념의 배후에는 누군가가 나머지 가족들의 죄책감, 갈등, 심지어 죄까지도 가볍게 해 주는 대신 짐진 자가 되어 주기를 바라는 사람들의 욕구가 있는 듯하다. 바로 규정된 환자에게 집중할 수 있게 되었기 때문에, 결국 가족의 한 일원을 대신 십자가에 못 박음으로써 가족 개개인들이나 부부들은 자신들의 문제를 책임질 필요가 없게 된 것이다.

가족 안에서의 그런 속죄는 우상적 권위에 대처하는 방법 중 하나다. 만일 아이의 부모가 매우 판단적이고, 비판적이며, 억압적이라면, 그 아이는 자연스럽고 자발적인 자기를 왜곡하는 심리학적인 방어를 포함하여 가지각색의 방법으로 자기 십자가형self-crucifixion을 선택할지도 모른다. 따라서 그는 가족의 지속적인 삶을 위해 자신의 성격에 있어서 가장 중요한 것들을 희생한다. 그런 방어 전략들은 주로 심리학적인 시각들을 통해 발견되지만, 이 전략들은 또한 신학적인 시각을 통해서도 쉽게 이해될 수 있다. 대부분의 가족들은 종교적인 용어로 그들의 역동을 개념화하지 않을 것이고, 그들 자신을 불가지론자 또는 무신론자로 여길 수도 있지만, 가족 안에서 작용되는 신학적 역동의 현실을 부인하지 않는다는 점을 눈여겨볼 필요가 있다. 그것은 가족의 일원들에 의해 공고히 형성된 외적으로 명백한 종교라기보다는 가족들과 연관된 암묵적인 신학적 역동들이다.

가족의 종교적인 드라마에서 두 번째 논점은 가족의 집안 신household gods들의 위치다. 이는 권위를 가진 가족의 우상들이기도 하다. 가족 중 누군가가 실제로 신으로 기능하는가? 또는 그 사람만이 나머지 가족들에 의해 신적인 권위를 갖고 있다고 인식되는

가? 부모가 반드시 신적인 권위를 사칭하지는 않지만, 자녀를 훈육하는 일이나 가족을 관리하고 통제하기 위해 노력하는 과정 중에 자녀들은 부모가 신들처럼 기능한다고 인식할 수 있다. 가족조각기법에서 가족을 조각할 때, 사람들이 방에서 하나님을 어디에 두는지를 묻는 것은 흥미로울 수 있다. 그들이 가족 안에서 궁극적인 권위와 힘을 경험하는 곳은 어디인가? 궁극적인 권위가 가족의 다른 일원 앞에서 자유를 인정하고 부여하는가, 아니면 그 권위가 다른 사람들을 제한하고, 통제하고, 억압하는가? 조부모처럼 핵가족 밖에 있는 권위가 실제로 가족의 힘의 중심이 될 수도 있다.

Smith 씨 가족을 신학적인 시각으로 본 다음의 이야기들은 은혜의 권위자를 향한 욕구를 지닌 자녀들이 율법적인 권위자와 투쟁하고 있는 가정 안에서 겪는 우상숭배적인 힘에 대하여 잘 설명하고 있다.

Smith 씨 가족에서 Smith 씨는 가장 중심적인 권위대상으로서 아내와 두 십대 아들에게 지배적인 영향을 끼치는 사람이다. Smith 씨는 은행가이고 First Church의 중직을 맡은 임원으로 교회 이사회의 일원으로 봉사하고 있다. 그의 나이는 42세이고 재계에서 성공적으로 일하고 있다. 그의 아내는 38세이고, 그녀는 가정과 아이 양육에 집중해 왔다. 그녀는 늘 남편의 의견에 따르고, 스스로 바깥 세상을 향하여 뭔가를 해 본 적이 없다. 아버지의 이름을 따서 이름을 붙인 16세의 큰아들 Teddy와 13세의 둘째 아들 Bruce가 있다. 가족치료에서 Teddy가 규정된 환자였는데, 그는 데이트하는 자신의 여자 친구를 임신시키면서 반항적이고 비행적인 행동을 보여 왔기 때문이다. Teddy와 아버지는 이를 비밀에 부쳤다. 아버지는 그 상황에 감정적 혹은 개인적으로 개입하지 않으려 하면서, 그의 전형적인 방법으로 처리했다. 아버지는 자신의 아들과 비교해서 사회 경제적인 지위가 낮았던 소녀에게 낙태와 관계를 끝내는 것을 조건으로 천 달러를 지불해서 해결하려 했다. Teddy는 그 소녀와 결혼해서 아기에 대해 책임지기를 원했었고, 그는 돈으로 그 상황을 해결하려 한 아버지를 향해 매우 분개했다.

Bruce는 약 5년 전 딱 한 번 탈선을 했던 소위 완벽한 아들이었다. 5년 전 학교에서 어떤 폭력 행위에 참가했었는데, 아버지는 당시 재빨리 피해자에게 변상하여 그 소문이 퍼져 가는 것을 막았다. Bruce는 자신이 부모님의 인정을 필요로 한다는 것을 깨닫게 되었다. 그 결과 그는 독립심을 찾기 위한 시도를 포기했고 부모님의 기대대로 되기로 결심했었다. Teddy는 Bruce가 가족 내에서 자신의 위치를 지키기 위해서 있는 그대로의 자신이 되는 자유를 포기했다고 느꼈기 때문에 동생에 대해 걱정하고 있었다. Teddy는 Bruce가 인생에 대한 열망을 잃어버렸다고 생각하자, 동생에 대해약간의 슬픔을 느꼈다. 주로 가출 사건은 가족치료를 찾게 되는 계기가 되는데, Teddy도 며칠 동안 가출했었다가 막 돌아왔다. Teddy는 가족치료사를 선택하여 치료를 신청하는 것을 보고, 아버지가 가족의 힘의 역동$_{\text{power dynamics}}$에는 손도 대지 않은 채, 또다시 돈을 사용하여 빠른 해결책만을 찾고자 하는 것을 걱정했다.

이 가족의 삶에서 다른 중요한 사람은 Annie라고 불렸던 여성으로, 그녀는 5년 전 죽기 전까지 오랜 세월 동안 아이들에게 일종의 가정교사 같은 분이었다. Annie는 아이들을 따뜻하게 지지하는 사람이었고, 아이들은 그녀와 매우 긍정적인 대리 부모로서 관계를 맺었다. 사실 Annie의 죽음은 Bruce의 비행과 Teddy의 반항을 촉진시키는 사건이었다. Annie는 아이들의 훈육 문제에 있어서 아이들과 개방적으로 이야기할 수 있는 법을 알고 있었고, 이들을 효율적으로 또 공정하게 다룰 수 있었으며, 아버지의 엄중하고 비난하는 태도에 대해 완충적인 역할을 했었다. 그러나 Annie의 죽음으로 더 이상 아이들을 위해 가족 안에서 이들을 옹호하는 사람이 없었고, 따라서 아이들은 자신들만의 개성을 긍정하는 것도 불가능해졌다.

하나의 신학적 시각에서 본다면, Teddy는 그리스도의 은혜를 통하여 의롭게 됨$_{justification}$이라는 프로테스탄트 원리의 관점에서 기능하고 있었다. Teddy는 율법들과 전제정치법들을 순순히 이행하여야 가족의 인정을 얻을 수 있다는 바리새인과 같은 기대와 율법 아래 거해야 한다는 가족정신에 대하여 항거하며 공격하고 있었다. 그의 비행은 있는 그대로의 자신을 인정해 달라는 외침이었다. 가족들은 당연히 Teddy를 율법과 맞서 싸우고, 용납의 복음을 위해 분투했던 사도 바울 같은 인물로 본 것이 아니라 오히려 악이나 파괴적인 사람처럼 보았던 것이다. 이 점에 있어서 Annie는 그리스도와 같은 인물이었다. Annie는 확고한 사랑을 갖추고 있었다. 아이들은 Annie에 대해 자신들을 돌봐 주고, 지지해 주고, 투쟁의 가운데서 그들과 함께 있었던 분으로 경험했었다. Annie가 죽었을 때, 아이들에게는 마치 선한 세상이 끝난 것처럼 보였다. 유년기 동안 '나쁜 신bad god'에게 상처받기 쉬운 유약성과 그리스도 같은 인물로부터 받아야 하는 지지의 부족은, 성인들로 하여금 가끔 그리스도를 구세주, 메시아, 구원자로 느끼는 풍부한 감각을 갖지 못하게 만든다. 이것은 또한 아이들이 자기 자신에 대한 왜곡된 정의를 남기고, 자기 자신을 신성한 부모에게 사랑받는 아이로 동일시하는 것을 극단적으로 어렵게 만든다.

가족을 종교적인 드라마로 보는 세 번째 방식은 가족이 살아가는 것의 기초가 되는 세속적 경전들을 조사하는 것이다. 가족에게 퍼져 있는 규칙, 법, 명령, 지시들을 살피고 그들이 아이를 양육하는 실상들을 바라보면, 가족에 내재하는 종교에 대해서 많이 이해할 수 있다. 앞서 우리는 "느끼지 마라." "화를 느껴서는 안 된다." "슬픔을 느껴서는 안 된다."와 같은 세속적 경전들이 어떻게 마치 거룩한 산에서 내려와서, 그 법 하나를 어기면 용서받지 못하는 죄를 범하는 것처럼 작용하고 있는지를 언급했다.

신의 명령들을 지니고 있는 세속적 경전들은 종종 가족 내에서 아이들의 자존감을 파괴한다. "아이들은 볼 수만 있을 뿐 말해서는 안 된다." "그렇게 있지 마라." 등과 같이 좀 더 강하게 전달되는 생각의 영향은 그 파괴적인 율법 아래서 사는 아이들을 참혹하게 한다. 그런 유해한 가치와 신념들은 비록 그 가족에게 명확히 종교적인 것으로 명료화되지는 않지만, 잘못된 종교적 가르침으로 쉽게 이해될 수 있다. 그렇지만 어떤 사례들에서는 부모가 교회의 권위와 분노하는 하나님의 위협을 언급하여 이런 통제적이고 억압적인 세속적 경전을 강화시키곤 한다.

나의 주장은 사람들이 가족 안에 거주하는 억압적인 신념과 가치의 자멸적인 성질을 드러내고 이해하도록 도울 필요가 있다는 것이다. 종교적 전문용어로 말하자면, 사람들은 살아가는 가운데 복음의 진리를 받아들임으로써 세속적 경전들을 고백하고, 인정하며, 회개하는 것이 필요하다. 사람들이 진리로 세례를 베풀었다고 하는 거짓말들을 넘어설 수 있기 전에는 가족을 안내하는 원칙들을 거짓말과 왜곡들로 볼 수 있도록 도움을 구할지도 모른다.

내재하는 종교적 드라마로서 가족 역동을 평가하는 일이 어떻게 보수적이고, 폐쇄적인 종교적 가족체계를 다루는 데에 유용할 수 있다고 하는지 살펴보는 일 또한 흥미 있는 일이다. 상담사는 가족 안에 고정된 종교적 개념화들의 역동적 의미에 대해서 평가하고 나서야 진전을 이룰 수 있다. 예를 들어, 종교적 명령들에 의해 정당화된 많은 폐쇄적 가족체계에 있어서 성장하는 아이들의 자율성에 대한 관용은 거의 찾아보기 힘들다. 아이들의 마음에는 가족과 교회 가치체계에 대한 복종이 강하게 새겨지고, 만일 아이들이 그들 자신의 인간됨을 위한 약간의 자유를 향해 움직이려고 노력할 때 아이들은 값비싼 감정적 대가를 치러야 한다.

목회상담사는 부부와 가족체계 안에서 드러나는 내재적인 종교적 드라마에 치료적으로 개입하고, 그 주제들을 이해하기 위한 전망으로 신학을 이용하는 데서 창의적인 완성을 이룰 수 있다.

Taking
On the
Gods

Chapter
4

우울증이라는 '감기'에 관한 작용적 신학

Chapter 4

Taking on the Gods

우울증이라는 '감기'에 관한 작용적 신학

어느 날 저녁에 어떤 목회 심리치료사와 그룹 치료 상황에서 작업을 하고 있을 때, 나는 우울한 한 여인이 자신의 희망이 손상되어 있는 상태를 마치 희망을 마룻바닥에 내던져서 수백만 개의 조각으로 산산조각이 난 것처럼 묘사하는 것을 들었다. 놀랍게도 나의 동료 치료사는 그녀에게 말했다. "좋아요, 그것들을 좀 바닥에 놓여 있게 하세요. 부서진 당신의 잘못된 희망들을 그대로 두는 것은 좋은 일이 될 수 있어요. 만일 당신이 그것들을 주워서 옛날과 똑같은 방식으로 다시 모으지 않는다면, 당신은 자유롭게 진정 깨지지 않는 희망을 찾고 만들어 낼 수 있을 거예요." 나는 꽤 오래 지나서야 그 치료사의 해석이 그 여성의 삶에 있어서 창조적인 개입이었다는 것을 깨닫게 되었다. 나의 동료는 그 여성의 세속적인 희망들이 구원의 방편으로 작용하고 있었다는 것을 정확히 이해했다. 나의 동료 치료사의 비전은 마치 금송아지 우상을 깨뜨려서 이 여인이 살아 계신 하나님 안에서 참 희망을 볼 수 있게 하는 것 같았다. 덴마크인 신학자 Søren Kierkegaard의 통찰은 이 점과 관련되어 있다. "세속적인 희망은 반드시 죽임을 당해야 한다. 그럴 때에만 참 희망에 의해 구원받을 수 있다."[1]

희망은 생동감 넘치는 삶에 있어서 가장 중요한 것이다. 인생의 흥망성쇠를 견뎌 낸 희망은 영원한 절대자와 역동적으로 연결되어 있다. 우리가 중요한 타인에게 그리고 건강, 돈, 지위, 안정, 성, 성숙성과 같은 피조물에 애착하여 희망을 가지게 되는 것은 인간 발달의 정상적인 부분이지만, 기독교 신학은 오래 지속되는 진정한 희망은 창조자시며, 생명을 주시고, 구원자이시며 구속자이신 하나님과의 관계에 놓여 있음을 오랫동안 가르쳐 왔다. 그러한 희망은 사랑이 넘치고 건설적으로 긍정적인 초기 아동기 환경으로부터 나오는 낙관주의와 신뢰에 근거할 수 있다. 우리가 절망을 초월하고자 한다면 그러한 끝에서 희망들은 반드시 변형되어야 한다. 기독교 신학은 궁극적인 희망이 창조자가 아니라 피조된 것에 애착되어 있을 때에 이것이야말로 개인을 환상과 절망에 무방비로 남겨 놓는 우상숭배라고 가르쳐 왔다. 바울은 "우리가 소망으로 구원을 얻었으매 보이는 소망이 소망이 아니니 보는 것을 누가 바라리요. 만일 우리가 보지 못하는 것을 바라면 참음으로 기다릴지니라."(롬 8: 24-25)라고 말한다. 이러한 희망에 대한 견해를 James L. Muyskens는 다음과 같이 현대적으로 해석하였다.

> 믿음과 같이, 희망은 기술자가 아니라 모험가와 탐험가의 태도다. 믿음과 같이, 희망은 장애에도 불구하고 하나의 출구를 긍정한다. 믿음과 같이, 기독교의 희망은 명백하게 모순적인 죽음의 증거 아래에서 예수 부활의 표적들을 해독하는 자유다.[2]

우상숭배는 목회상담사들이 다루는 많은 우울증에 잠재되어 있는데, 특히 신경증적 문제를 가진 내담자들에게서 그러하다. 여기에서 나는 우울증을 궁극적 실재에 대한 잘못된 인식과 개인의 자아정체성, 그리고 십자가가 부활을 이겼고, 사망이 생명을 이겼고, 그 악이 선을 이겼고, 악마가 하나님을 이겼다고 믿는 내재적인 신념체계에 근거하는 '희망 없음$_{unhope}$' 으로 이해하고 있다. 사람들은 희망을 잘못된 절대성에 둘 때와 그들을 구원하고 대속하는 자신들의 능력과 자원이 부서져서 바라던 결과를 산출하지 못할 때에 우울과 절망에 취약하게 된다. 잘못된 신념체계, 왜곡된 세계관, 실재에 대한 우상숭배적인 잘못된 인식들이 우울을 이해하고 예방하고 치료하는 데 가장 중요한 개념들이다.

우울증의 전형적인 신경증적 유형은 개인의 고유한 가치를 인정하고 반영하고 긍정하고 확증하지 못하는 궁극적 권위의 잘못된 이미지로 구축된다. 그러므로 세상 안에서 개인의 위치에 관하여 기본적인 불안과 불안정성이 있고, 개인은 '나쁜 신' 이 자신을 돌보고 쓰다듬어 주고 인정해 주는 선물을 보장하도록 회유하고 조작하기 위해서 신경증적 적응과 조절을 하게 된다. 자신의 자기인식을 조작해서 '나쁜 신' 을 선한 하나님으로 바꾸려는 접근은 언제나 실패하게 마련이다. 기독교적 긍정은 바로 존재론적으로 각 사람이 이미 사랑, 수용, 은혜에 근거하고 있다는 것이다. 그러므로 희망은 이미 존재한다. 왜냐하면 개인은 모든 십자가와 어두운 날들, 골고다에도 불구하고 유일하고 참된 궁극적인 실재가 부활과 갱생 그리고 생명과 사랑의 승리라는 것을 확증하는 그리스도 안에서 하나님에 의해서 주어진 새로운 창조에 참여한다.

"우울증은 세계 제1의 건강 문제라고 불린다. 사실상 우울증은 너무나 널리 퍼져 있어서 정신과 장애의 일반적인 감기로 여겨진다."[3] 이 유행병과 싸우기 위한 노력으로서 우울증의 병인과 치료에 관해서 많은 연구가 이루어지고 있다. 많은 지식들이 유전학적인 원인들, 생화학적인 연관들, 사회유전적인 이론들을 통해서 얻어졌다. 과학자들은 뇌의 화학적 불균형이 우울증을 일으킬 가능성을 탐구하기 위해 점점 더 정교한 연구도구들을 사용하고 있다. 유능한 의료전문가들이 처방하고 관리하는 항우울제들은 어떤 우울증 환자들에게는 매우 유익할 수 있다. 그러나 여러 가지 유형의 우울증의 원인과 치료에 관해서 아직 대답되지 않은 문제들이 많이 있다는 것을 반드시 기억할 필요가 있다. 우울증에 관한 신학적 경청 관점과 치료철학이 우리 시대의 우울증에 도움이 되는 또 하나의 중요한 방법이 될 수 있다는 것이 나의 이론이다.

Aaron T. Beck과 David D. Burns와 같은 인지치료사들은 우울증이 개인의 세계관과 사고를 방해하는 것이라고 생각하면서 우리를 임상 신학으로 향한 길로 인도하고 있다. 이러한 치료사들은 현실에 대한 엄청난 왜곡에 근거하는 부정적인 사고방식이 대부분의 우울증의 기초가 된다고 제시한다. 사람들은 자신을 압도하는 부정적 '사고thinking' 때문에 우울하다고 '느낀다feel.' 우울증 연구자들은 오래된 지혜의 결론에 다다르고 있다. "대저 그 마음의 생각이 어떠하면 그 위인도 그러한즉"(잠언 23: 7). 이러한 인지 치료사들에 의하면 우울한 사람은 세 가지 종류의 부정적 개념을 가지고 있다. ① 엄청난 자기비난을 동반한 부정적인 자기평가, ② 스스로를 무기력하게 만드는 환경에 대한 부정적 평가와 기대, ③ 절망으로 이끄는 미래에 대한 부정적인 평가가 그것이다. 우리는 이 세 개의 부정적 개념상을 더 이상 무력하게 하지 않으면서 보다 실제적인 도움이 되는 신학적 형태로 고쳐 볼 수 있다.

부정적인 자아상 우울한 사람은 자신의 정체성을 하나님의 사랑받은 자녀로 경험하지 못할 것이다. 우울한 사람들은 자신이 하나님의 이미지로 창조되었다는 가치를 지지하지 못할 것이다. 그러한 사람은 하나님의 용서와 용납을 깊이 체험하지 못할 것이다. 자신들에 '관한about' 나쁜 소식을 믿고, 자신을 '위한for' 좋은 소식은 믿지 않을 것이다. 우울한 사람은 개인이 사랑스럽지 않으면서도 여전히 사랑받으며, 용납받을 수 없을 만하여도 여전히 용납됨을 내면화하지 못하였을 것이다. 또한 우리 인간 실재의 핵심에 주도적으로 사랑하고 인정하고 용서하고 지지하시는 역동적이고 돌보시는 절대자의 마음이 있다는 진리를 이해하지 못할 것이다. 우울한 사람은 "우리가 사랑함은 그가 먼저 우리를 사랑하셨음이라."(요일 4: 19)는 말씀을 믿을 수 없을지도 모른다. 우울한 사람은 이 역경, 죄악과 갈등의 세계에서 우울증과 자기비난으로 대속하고 보상할 필요가 없다는 진실을 내면화하지 못할 것이다. 그런 사람은 우주의 중심이 인간의 정죄에 관심을 두기보다는 대속에 적극적으로 개입하고 있다는 것을 자각하지 못하고 있을 것이다. 그러므로 만일 사람이 자신의 정체성과 자기됨의 의미를 거짓 신에게서 가져온다면, 우울증에 걸릴 취약성이 매우 높아진다. 여기서 다시 우리는 하나의 잘못된 정체성이 어떻게 절망으로 이끄는지를 이해할 수 있다.

환경에 대한 부정적 평가 우울증과 싸우고 있는 사람들은 역동적이고 지지적인 믿음의 공동체, 즉 개인이 풍성한 삶을 살도록 힘을 실어 주며 정서적이고 영적인 공급을 해 주는 사랑하는 사람들이 지탱해 주는 진지한 교제의 경험을 해 보지 못했을 수 있다. 또한 성령의 임재하심으로 활력을 얻을 수 있다는 것을 전혀 맛보지 못했을 수도 있다. 너무나 낮은 데 처해서 밑바닥에서 위를 올려다보는 사람들은 온전한 창조가 인생을 양육하시고 지켜 주시기 위해서 필요한 자원들을 공급하려고 애쓰시는 자비로운 창조자의 선물이라는 사실을 민감하게 느끼지 못할 수도 있다. 우울증으로부터의 사회정의와 해방을 효율적으로 증진하기 위해서 함께 일하는 언약 공동사회에 대한 감각이 전혀 없을지도 모른다. "세상에서는 너희가 환난을 당하나 담대하라. 내가 세상을 이기었노라." (요한복음 16: 33)라는 진리의 핵심을 긍정하는 마음이 부족할 수도 있다.

미래에 대한 부정적 평가 우울한 사람들의 종말론적인 관점은 아마도 악이 최고의 것을 다스리고 항상 그러할 것이며, 악마가 하나님을 이기고 적대감과 무관심이 사랑보다 더 강하며, 십자가가 결코 없고 부활은 불가능하며, 어두운 갈보리에서 역사가 끝날 운명이고 새로운 삶을 가져다주는 부활 주일도 없다고 여길 것이다. 절망적인 사람들은 캡슐에 싸인 세상에 매몰되어 살 수도 있다. 그들은 희망도, 약속도, 영원한 사랑 혹은 영생의 기쁨도 알지 못할 수 있다.

Burns는 사람들의 우울을 희망으로 변형시키는 일에 관심을 가지고 있는 목회상담사를 위한 흥미로운 비유를 말해 주고 있다.

> 우울은 언제나 심리적으로 '정지하고 있는' 전파 장해의 결과다. 당신의 우울한 마음은 적절하게 채널을 맞추지 못한 라디오에서 흘러나오는 직직거리는 소리에 비교될 수 있다. 문제는 진공관 혹은 트랜지스터가 나갔거나 결함이 있거나 혹은 날씨가 나빠서 라디오 방송국에서 보내는 신호가 잘못된 것이 아니라는 점이다. 당신은 그냥 단순히 다이얼을 잘 맞추기만 하면 된다. 이러한 정신적인 조율을 할 줄 알게 될 때에 음악이 깨끗하게 다시 흘러나오고 우울증도 다시 좋아질 수 있을 것이다.[4]

목회상담사들은 존재의 깊은 내면의 중심으로 자신을 맞추어 초월적인 현실로 들어가려는 신학적인 중요성을 강조하면서, 이런 종류의 사고에 쉽게 동의할 수 있다. 그러나 순진하고 진부한 종교적 문구들과 영감에 의존한 종교적인 처방들로 우울증의 원인들과 치료법을 지나치게 간소화하려는 유혹에 빠지지 않는 것은 중요하다. 우울한 사람이 갖고 있는 '지독하게 고약한 사고'와 그들의 우상숭배적인 세계관은 우울증을 위한 간단한 응급 처치만을 바라고 전화한 사람들에게 들려주기 위해 자동으로 녹음되어 있는 영감 어린 종교적인 메시지에 의해서 치료될 수 없기 때문이다.

신학적 경청의 관점은 목회상담사가 내담자들의 쌍둥이 우상숭배에 대해서 살펴보도록 한다. 그들의 우상숭배는 하나님과 자기에 대한 부정적 관점, 그리고 그들의 삶을 그렇게 제한하고 우울하게 하는 세계에 대한 부정적 관점을 가지고 있다. 치료적인 접근을 위한 몇 가지 제안들은 다음과 같다.

1. 내담자들로 하여금 우울증과 관련되어 있는 세속적 경전들과 세속적 기도들을 살펴보도록 도와라. 적절한 시기에 그들의 잘못된 현실관에 연관된 방식에 대처하도록 창의적인 기독교 신앙을 소개하라. 나쁜 소식에 의해 지배되는 그들의 세계에 전파할 좋은 소식의 이야기를 언어적 혹은 비언어적으로 소개하라.
2. 우울증을 한 개인의 머릿속에 단독으로 진행되는 그 무엇으로 생각하지 마라. 가족이나 조직 안에서 그 전체가 가지는 우울한 짐을 짊어지도록 다른 구성원들이 보이지 않는 감정의 투입을 할 수 있기 때문에 한 개인이 우울한 역할을 할 수도 있다는 것을 인식하라. 우울한 사람 주변에 있는 돌봄의 네트워

크를 움직이도록 도우면서 체계지향적인 관점을 가지고 계속 작업하라. 만일 우울증을 앓고 있는 소외된 사람 주변에 자연스러운 네트워크가 없다면 그런 그룹을 형성하도록 도와라.

3. 많은 사람들에게 있어 우울의 검은 구름 아래로부터 빠져나오는 것이 얼마나 어려운 일인지 이해하고 인정하도록 노력하라. 수십 년 동안 그들은 우울하고 어두운 세계 속에서 자신들의 공간을 찾는 데에 익숙해졌을 것이다. 그들에게 있어 우상, 부정적 세계관, 습관화된 사고, 감정과 행동 방식에 대한 친근한 애착을 포기하는 것은 종종 두려운 일이다. 어떤 사람들은 그들의 우울한 세계를 빠져나와서 새로운 창조세계로 가는 것, 나쁜 소식을 좋은 소식으로 뛰어넘는 것, 부정적 자아정체성으로부터 인간의 가치에 대한 절대적인 보증자Ultimate Guarantor에 의해 자신의 중대한 가치를 수용하는 것이 매우 위험스럽게 느껴진다.

4. 신학적 경청의 관점으로 우울증에 개입하는 데 있어서 "단지 당신의 사고방식과 서투른 세계관만 고치면 우울을 극복할 것이다."라고 비판적으로 말함으로써 죄의식을 갖게 하지 마라. 목회상담사는 직면할 때에 비판적인 초자아를 가지고 작업을 하지 않도록 유의할 필요가 있다.

5. 사람들이 하나의 이유, 의미, 목표, 삶에 대한 꿈을 찾거나 재발견하도록 도와라. Victor Frankl을 비롯하여 많은 이들이 삶에서 위축되고 우울해지지 않도록 삶의 의미와 목적을 가지는 것이 얼마나 중요한지를 지적해 왔다. Howard Thurman도 이

를 잘 지적한 바 있다. "사람이 가슴속에 꿈을 가지고 있는 한, 그는 산다는 것의 의미를 잃어버리지 않는다."[5] 이러한 점에서 목회 심리치료사는 종종 역경 가운데서 희망을 선언하는 그러한 신념을 종종 재확인할 필요가 있다. 내게 있어 성서의 두 구절의 말씀이 특히 유익하였다. "그리스도께서 만일 다시 살지 못하셨으면…… 또 너희 믿음 또한 헛것이라."(고전 15:14) 그리고

> 내가 확신하노니 사망이나 생명이나 천사들이나 권세자들이나 현재 일이나 장래 일이나 능력이 높음이나 깊음이나 다른 아무 피조물이라도 우리를 우리 주 그리스도 예수 안에 있는 하나님의 사랑에서 끊을 수 없으리라(롬 8: 38-39).

목회상담사들이 우울증을 다룰 때에 신학적으로 주로 심리내적이고 대인관계적인 주제에 관심을 집중할 수도 있지만 또한 우리는 사회정의를 위한 투쟁에도 깨어 있는 것이 매우 중요하다. 왜냐하면 온갖 종류의 제도적 억압인종차별, 성차별, 노인차별, 계층차별으로 인해서 사람들이 더 우울해지기 쉬운 상황에 놓이게 되기 때문이다. 불의한 사회에 적응하도록 도우면서 사람들의 심리내적인 세계관만을 바꾸도록 노력하는 것은 개인뿐만 아니라 사회를 변혁하고자 하는 우리의 책임을 회피하는 것일 수도 있다. 억압은 우울증과 긴밀하게 연결되어 있다. 목회상담사와 교회는 우울한 사람들을 목회적으로 돌보는 과정에 있어서 내적인 사회구조뿐만 아니라 외적

구조도 함께 변화시키기 위해 노력해야 한다.

희망을 갖는 것에 대한 두려움

보통 종교적 상담사들은 희망을 흔히 긍정적인 맥락에서 생각하는 반면에, 임상경험에 의하면 어떤 사람들은 희망을 부정적으로 바라보고 있는 것이 확실하다. 많은 사람들의 희망이 특히 친밀한 관계에서 너무나 실망스럽고 상처를 입었기에, 이제 더 이상 희망을 갖기를 두려워한다. 희망을 갖지 못하는 이들은 "희망이 가장 나쁜 악이다. 왜냐하면 인간의 고통을 연장시키기 때문이다."[6]라는 Nietzsche의 감상을 불러일으킬 수도 있다. 희망을 갖기 두려워하는 것은 종종 희망의 대상이 약속을 수행하기 거부하는 데에 그 뿌리가 있기도 하다. 희망을 품기도 하지만 상처받기도 쉬운 중요한 타인을 믿을 수 없다는 것이 드러나는 일은 빈번하게 발생한다. 그들이 받은 상처와 거절감은 다른 사람 혹은 하나님에 대해서조차도 신뢰와 희망을 갖기를 두려워하는 것으로 환원된다. 또다시 희망을 갖는 것은 그 이상의 실망과 절망에 취약하게 되는 것이다. 그러므로 어떤 사람들은 더 이상의 상처와 슬픔으로부터 자신들을 보호하기 위해서 희망을 갖기 않는 것이 최상이라고 결정한다. 이러한 생각은 최근 차 뒤에 붙은 스티커의 문구를 보면 잘 알 수 있다. "희망을 포기한 이후에 기분은 더 좋아졌다."

아무런 희망 없음에서의 희망

역설적이게도 어떤 사람들은 자신들의 희망이 아무런 희망을 갖지 않는 것이라고 느낄 수 있다. 흔히 이러한 사람들은 여러 가지 방식으로 실망을 해 왔고, 믿을 만한 좋은 관계의 가능성을 위해서 노력하다가 실망하고 상처를 받아서 전보다 더 나빠지기보다는 희망을 갖지 않고 사는 것이 더 낫다고 믿는다. 아무런 희망 없음에서의 희망hope in no hope은 원가족과의 관계와 또다시 실패한 결혼관계에서 심각하게 정서적으로 상처를 받았던 한 젊은 성인 여성의 꿈에 분명하게 드러나 있다. 그 여인은 치료 그룹에서 꿈 이야기를 하였고, 그 꿈은 주로 내 공동치료사에 의해서 다루어졌다. 꿈에서 그 여인은 들어가는 손잡이가 문 바깥에만 있는 샤워실 같은 유리방 안에 놓여 있었다. 방의 한 구석 유리에 금이 가 있었고, 이 금을 통해서 거미들이 들어와 바닥에 누워 있는 그녀에게 기어오르기 시작했다. 그녀는 도와달라고 비명을 질렀지만 아무도 문을 열어 주러 오지 않았다는 꿈이었다.

이 꿈에 대한 여러 가지 해석 가운데 한 가지 접근으로서 나의 공동치료사는 꿈의 상징을 조작하기 위해서 그녀에게 거미가 고양이로 변하였다고 상상해 보라고 하였다. 그녀는 이러한 상상의 변화를 허락할 수 없다고 말하면서 이 제안에 대해 강하게 저항하였다. 뿐만 아니라 그녀에게 거미가 견디기 그렇게 나쁘지는 않았다. 왜냐하면 만일 그녀가 거미를 고양이로 바꾸고 고양이가 악으로 판명난다면 그때는 그녀가 벼랑 끝에 놓이게 되기 때문이다. 그녀는 또 다른 희망의 가능성이 부서지는 위험을 감수하기보다는 세상이 적대적이라는 자신의 관점을 가지고 살아가기를 더 좋아하였다.

목회상담사는 희망하는 것에 대한 두려움이 결혼생활에서의 갈등에 있어서도 핵심적인 역동임을 알 수 있을 것이다. 한 불행한 배우자는 자신의 배우자와 그 관계의 변화를 희망하는 데 있어서 한계의 끝에 다다랐기 때문에 결혼관계에서 화해를 위한 어떠한 시도도 포기했을 수 있다. 결혼에서 또다시 희망을 갖는 것은 또 다른 깊은 실망에 놓일 위험을 갖게 되는 것이다. 불화가 심한 외판원의 아내는 남편이 사업차 집을 떠났을 때 자신의 희망을 새롭게 가지기 시작했다. 그러나 그녀의 희망은 남편이 화가 나서 집에 돌아와 여러 가지로 성질을 부렸을 때에 순식간에 부서져 내렸다. 이러한 경험을 가진 이후로 그녀는 "정말로 희망을 전혀 갖지 않는 것이 훨씬 더 나아요. 희망을 쌓아 올렸다가 무너뜨리는 것이 훨씬 더 기분 나쁘게 느껴지거든요. 오히려 처음 시작할 때보다도 더 나빠졌어요."라고 한탄하였다. 그러므로 반복해서 여러 상담 상황에서 목회상담사는 '절망보다 더 나쁜 것, 죽음의 비통함보다 더 나쁜 것은 희망'[7]이라고 노래했던 영국의 시인 Shelley의 음성을 들을 수도 있을 것이다.

비존재에서의 희망

어떤 사람들이 아무 희망도 갖지 않음으로써 더 이상의 실망으로부터 자신들을 보호하려고 하는 한편, 다른 사람들은 우리가 보통 희망의 반대명제라고 생각하는 그런 것들에 대한 기대에 집중함으로써 희망에 대한 두려움을 대처하려고 한다. 다시 말해, 그들의 희망은 비존재non-being의 측면에 속한 양상이다. 세계는 너무나 압도적인 것이기에 그들은 이런 지상에서의 지옥으로부터 구원받는 유일한 길이 바로 그들의 존재감을 소멸함으로써 고통스런 인간사의 현실로부터 자신들을 단절하고자 한다. 세상을 더 이상 감당할 수 없다고 느끼는 사람들에게는 정신 이상이 되거나 죽으려고 하는 것이 희망의 두 가지 대상이 될 수 있다.

매우 열심히 일하는 어느 여성 평신도가 가족에 대한 책임감, 질병, 교회 내의 갈등으로 너무나 짓눌려서 모든 희망을 잃어버렸다고 말한다. 절망 속에서 그녀는 그 모든 짐으로부터 어떻게 벗어날 수 있을지 골몰하였다. 하나의 꿈이 그녀에게 물꼬를 터 주었다. 꿈에서 그녀의 여행 가방이 꾸려져 있었고 그녀는 정신병원을 향해서 떠나려고 하고 있었다. 남편이 함께 있었고, 남편의 태도는 그녀에게 미안하지만 그녀가 병원에 가야 한다는 사실을 인정하고 있었다. 그때 그녀에게 많은 의미가 되었던 그녀의 직업, 자녀를 돌보는 일, 남편과 함께 동반했던 일과 같은 장면들이 주마등처럼 스쳐 지나갔다. 그 꿈은 그녀가 곤경을 탈출하는 한 가지 방책으로서 정신병에 걸리고자 희망하였음을 깨닫게 하였고, 그 희망으로 건설적인 결과보다 부정적인 결과가 더 많이 도출될 것임을 자각하게 도와주었다. 결국 그녀는 자신의 상황에 대한 해결책으로서 정신병을 희망하는 태도를 포기할 수 있었다.

유사하게 목회상담사는 자살을 인간고의 유일한 구원의 길로서 여기는 사람들을 만나게 된다. 궁극적 실재를 너무나 부정적으로 보고, 고난, 갈등, 삶의 문제에 대처할 자기 내부 혹은 주변의 자원이 없기에 유일한 탈출구로서 유일한 희망을 죽음에 묶어 둘 수 있다. 쌍둥이 우상숭배를 극복하는 유일한 길로서 '나쁜 신'과 '나쁜 나'를 파괴하는 것이 유일한 길로 보일 수도 있다.

이것은 Kierkegaard가 그렇게 예리하게 기록한 '죽음에 이르는 병'과 유사하다. 그것은 '더 깊이 가라앉음으로써 스스로를 유지하려는 시도'[8]다. 그것은 "회개의 속성의 모든 것과 은총의 속성의 모든 것"[9]에 대하여 문을 닫아버리는 것이다. 이 절망은 궁극적인 권위가 개인을 행해서 적대적이고, 그 개인을 보호하거나 구원할 만큼 충분히 강력하거나 능력이 있거나 혹은 충분한 돌봄이 있는 우월하고 신성한 힘이 존재하지 않는 우상숭배적인 맥락에서 경험되며, 그렇기에 그는 절망으로 들어가는 것이다. 절망은 무를 향하는 것이 아니다. 절망은 상징적으로 하나님의 힘 위에 있는 악마적인 힘을 나타내는 우상의 힘의 우월성을 느끼는 것이다. Pruyser는 이러한 견해를 강력히 지지하는 글을 쓴 바 있다.

> 나는 Luther가 무에 대해서 '상상할 수 없는 공포'를 가졌거

나 그가 비존재에 그의 잉크병을 던졌다고 생각하지 않는다. 그의 '무에 대한 공허함void of nothingness'은 많은 신비가들이 언급한 '영혼의 어두운 밤'에서와 같이 악마와 그들의 군집의 모습을 한 채 심리내적으로 존재하고, 거의 실재적이며 실제로 위협을 가하는 존재의 뚜렷한 환상으로 가득 찼다. Kierkegaard의 실존적 선택 상황은 어떤 무엇something과 무nothing 사이의 것이 아니었고 하나님과 악마, 하나님과 육신, 선과 드러난 악, 한 유형의 사람이 되는 것과 다른 유형의 사람이 되는 사이를 선택하는 그러한 것이었다. 열정에 대한 열렬한 경험이 있다면 항상 그 대상을 의식하는 것은 아니지만 언제나 열정의 대상이 있다. 그러나 우리는 대상이 어딘가에, 개인의 기억 어딘가에 있다는 가설을 유지해야만 한다. Kierkegaard의 언어적 표현과는 반대로 무에 의해서는 두려움이 발생하지 않는다. 두려움은 위협적인 물체 혹은 그 이미지에 의해서 발생한다.[10]

희망 없음

희망에 대한 두려움과 자기 존재가 소멸하기를 바라는 것은 종종 적대적이고 악마적인 것을 절대의 왕좌 위로 올리는 미묘한 과정과 연결되어 있다. 이미 마지막 희망이 산산이 부서지는 경험을 한 사람들은 악과 부정적인 것들이 최고의 위치에서 지배하고 그들이 희망을 걸 궁극적인 하나님은 없다고 결론지을 수도 있다. 인간관계에서 부서져 버린 희망은 그들이 인식한 실재의 중심이 긍정적이거나 믿을 만하거나 사랑스럽거나 혹은 희망적이 아니라는 일반화로 이끌 수도 있다. 목회상담사는 절망하는 사람들의 경우 온 우주의 중심이 자신들에 맞서 대항하고 있다고 받아들인다는 사실을 인식할 필요가 있다. 상처투성이의 인간관계와 경험에서 나오는 어떤 이미지를 궁극적인 존재에게 투사할 수도 있고, 엄청나게 부정적인 힘을 가진 거짓 신을 최고라고 상상할 수도 있다. 신학적인 언어로 하면 삶을 십자가로 가득 채우는 힘들이 실제적이고 궁극적인 것으로 경험되고, 구원하고 치유하고 부활시키는 힘은 거짓되고 환상적인 것으로 경험될 수가 있다.

명백하게 오랫동안 지속되는 의미 없는 고통은 사람들을 절망의 지옥으로부터 구할 수 있는 사랑의 옹호자와 구원자가 있다는 것에 대해서 의문을 제기하곤 한다. Helmut Thielicke는 하나님이 실제로 선하고 사랑이 많으시며 강력하고 구원하는 옹호자가 아니라는 것을 확신시키는 데 고통과 시간의 요소들을 사용하는 내적인 악마의 힘에 대해서 이야기한다.

> 그러므로 악마는 진지하게 공격하고자 할 때에 고통받는 이가 사람들이 합리적이라고 생각하는 한계를 넘어가도록 한다. 개인이 충분히 배웠으므로 이제 멈추어야 한다고 생각하는 순간은 분명히 멈추지 않는 순간이다. 그 순간은 무감각하게 계속된다. 시간은 이 흑암의 왕자에게 가장 엄격한 관리자다. 시간은 우리의 저항이 너무 오래 지속되기 때문이 아니라, 그것이 너무나 의

미 없기 때문에 우리의 저항을 서서히 무너뜨린다.[11]

절망은 개인이 바라던 삶의 성취를 이루는 데 효율적이지 않았던 구원의 방어 전략이 무너진 것과 연관되어 있다. 우상숭배적인 패턴이 비효과적이었을 때, 개인은 절망과 희망 없음에 대해 매우 취약하다. Thomas Merton은 관상적인 어조로 다음의 경험을 기록한다.

> 절망은 자기애(self-love)의 절대적인 극단이다. 인간이 자신을 잃어버렸다는 것을 알게 되는 부패한 향락을 맛보기 위해서 그 어떤 사람으로부터의 도움에도 단호히 등을 돌렸을 때 절망에 도달하게 된다. 모든 사람에게는 우리 자신의 자원들이 우리의 기대를 저버리자마자 자기연민의 꽃을 피우고 잡초를 가꾸고 자라게 하는 자긍심이 있기 때문에, 우리 모두에게 숨겨져 있는 절망의 뿌리가 있다. 그러나 우리가 가진 자원들이 필연적으로 우리의 기대를 다 채울 수 없기 때문에 우리 모두는 정도의 차이는 있지만 실망과 절망에 빠질 수밖에 없다. 절망은 너무나 크고 너무나 완고한 자긍심의 궁극적인 발달이기 때문에 비참한 파멸의 구렁텅이를 선택하지 결코 하나님의 손에 있는 행복을 선택하고 그분이 우리 위에 계시며 우리는 우리 자신의 운명을 스스로 완성할 수 없다는 것을 인정하지 않는다. 그러나 겸손한 사람에게는 더 이상 자기연민 같은 것이 없기에 진정으로 겸손한 사람은 절망할 수 없다.[12]

많은 임상가들이 우울증은 저항으로 가득 차 있고, 매우 자기애적이라는 것에 동의할 것이다. 어떤 임상가들은 어떻게 인간이 절망감으로 인하여 은총 받기를 거부하는가에 대해 좀 더 신학적으로 언급할 수도 있다. Daim은 다음과 같이 언급한다.

> 급진적이고 전적인 의심으로부터 더 발전한 절망은 무엇보다도 '인내를 잃어버림'의 측면을 반영한다. 그러므로 절망은 언제나 또한 '참을성 없음', 즉 도움을 필요로 하는 데 유의할 수 있지만 그렇게 해서는 안 되는 어떤 힘과 마주할 때에 심리적으로 발견하게 되는 '기다릴 능력이 없음'이기도 하다. 둘째로 절망은 은총에 의지하기를 요청받았을 때에 대항하여 분개하는 반항심으로부터 나오는 자만과 오만을 의미한다. 사실 이것은 구원에 대한 반항에까지 이르고, 불일치와 의심으로부터 조화와 신뢰감 있는 용납으로 이끌 수 있도록 돕는 그 무엇에 대한 반역이다. 우리는 분명하게 절망이 언제나 신앙, 희망, 그리고 사랑의 부족함과 함께 참을성 없음과 반항을 포함하고 있다는 것을 알 수 있다. 간단히 말해서 절망은 본질적으로 구원의 은총을 믿지 않으려고 하는 것이다.[13]

희망 없음에서의 변화

Thielicke는 "진정한 치료는 이 세상이 영원한 정신에 의해서 사랑받고 있으며, 그러므로 우리는 인생에 대해서 '예' 라고 말해야 한다는 것을 자각할 때 시작된다."[14]고 제시한다. 목회상담사는 이 영원한 정신의 사랑을 내담자 혹은 내담자 체계와의 치유적인 관계를 통해서 긍정적이고 안아 주는 환경을 통해서 전달해야 한다. 목회상담사는 이러한 좋은 소식을 통합하여 내담자와의 상호작용 가운데서 내재적으로 매개할 수 있어야 한다. 목회 심리치료사는 그저 이 은총의 선물을 내담자와 나누려고 애쓸 수 있을 뿐이다. 그가 내담자의 방어적인 문을 무너뜨릴 수는 없다.

얼마나 많은 사람들이 매번 부정적인 것이 그들을 기다리고 있다고 예상하고 있는가에 대해 Charles Spurgeon의 설교에서 인용된 간단한 이야기 하나가 설명해 준다. 어떤 늙은 여인이 너무나 가난하였기에 침대를 덥히기 위해서 하루의 대부분을 종종 침대에 누워서 지냈다. 어느 날 목사님이 그녀에게 현금을 주려고 방문하였다. 문에서 여러 번 두드렸지만 대답을 들을 수가 없었다. 며칠 후에 그 여인을 거리에서 만나서 자신이 방문했던 일을 이야기하였다. "아, 제가 침대에 있었습니다. 문은 잠겨 있었지요. 아시다시피 돈이 없었고 주인집 아주머니가 집세를 받으러 온 줄 알았어요."라고 대답하였다. 삶의 중심에 깊이 상처를 받았던 사람들은 은총의 하나님이 그들의 마음의 문을 두드리고 계시다는 희망을 기대하지 않을 수도 있다. 그들은 그들이 경험한 부정적인 우상을 갖고 있을 수가 있다. 그들은 우리의 인간적 자원이 필연적으로 우리의 기대를 만족시킬 수 없다는 사실을 깨닫지 못하고 변화무쌍한 인생 가운데서 자신을 자기의 구원자로 하고자 했을 수도 있다.

이렇게 우울한 사람들과의 치료적인 작업은 오래 걸리고 힘들 수가 있다. 그러나 절망적이거나 혹은 희망을 갖지 않은 사람들은 비난받거나 정죄 받아서는 안 된다. 오히려 그들은 우상과 스스로를 구원하는 전략의 실패로 고통받고 있는 것으로 이해되어야 한다. 그러므로 희망을 전혀 갖지 않거나 자기소멸에 희망을 두는 것은 거짓되고 부정적인 절대자 혹은 희망하지 않는 것에 의지하는 일을 삶의 속박으로부터 벗어나는 유일한 길로 생각한 잘못된 신념의 표현으로 볼 수가 있다. 절망하는 개인들에 대한 목회상담은 치료사와 돌보는 사람들의 교제가 이 세상에 시련이 있지만 세상의 힘이 그리스도 안에서 정복되었고 그 승리가 십자가와 부활 사건에 계시되었기에 낙담하거나 희망을 잃어버릴 필요가 없다는 좋은 소식을 전해 주는 길고 복합적인 과정일 수 있다.

우울로 고통받는 사람들과 복잡한 치료 사이에서 목회상담사들은 잘못된 절대자에 관한 쌍둥이 우상의 관점을 염두에 둘 필요가 있다. 이 쌍둥이 우상은 사람들의 세계관을 지배하고 자기 구원의 전략을 실패하게 하여 결국 다양한 속죄를 통해 우울증으로 인도한다. 오랜 기간을 거쳐 내담자가 궁극적 실재에 대한 새로운 인식을 얻게 되고, 그리스도 안에서 승리하시는 하나님에 대한 진정한 희망을 만들어 내는 것을 기대할 수 있다. 이러한 진리를 Thielicke는 다음과 같이 표현하였다.

> 한 사람이 예수 그리스도 사건을 알게 되고, 온 우주가 아버지의 것이고 그가 사랑을 받는다는 것을 깨닫게 될 때, 그의 두

려움이 사라진다. 그를 억압하고 위축시키는 모든 힘이 사라졌다는 것이 아니라…… 그것들이 더 이상 그 위에 군림하는 힘이 아니라는 것이다.[15]

실로 작용적인 기독교 신학은 흔히 정서적인 문제에 대한 감기로 불리는 우울증 치료에 많은 희망을 제공한다.

Taking
On the
Gods

Chapter
5

자기정당화 대(對) 은혜를 통한 믿음으로 의롭게 됨

Chapter 5

Taking on the Gods

자기정당화 대(對) 은혜를 통한 믿음으로 의롭게 됨

"And please protect me from the appearance of wrongdoing."

"주여, 나를 악을 행하는 것처럼 보이는 것에서 구하여 주옵소서."

앞의 만화는 자기정당화self-justification를 위하여 애쓰는 인간의 한 차원을 묘사해 준다. 우리는 자신의 이미지를 극대화하기 위하여 스스로 의롭다고 하는 다양한 전략을 구사함으로써 타인과 우리 자신의 내적인 비판에 있어서 우리 자신에 대한 우호적인 평가를 증진시키고자 종종 노력한다. 우리는 종종 취약함과 부적절감으로부터 우리 자신을 보호할 필요가 있으며, 꾸미거나 가면을 써서, 또는 변명을 통해서 우리의 좋은 외관을 보존할 필요가 있다.

옳고자 하는 열망

Le Roy Aden은 다음과 같이 말한 바 있다. “사람들은 옳고자 하는 강렬한 열망을 가지고 있다. 그들은 스스로에게, 타인에게, 혹은 하나님의 마음에 들기를 원한다. 그러나 자신들에게 무언가 잘못된 것이 있다고 희미하게 느끼고 있으며 그럼에도 불구하고 그들은 열렬하게 받아들여지기를 바란다.”[1] 스스로 옳고자 하는 자기의righteousness의 원천이 되는 이러한 시도가 표면상으로 서로 반대되는 두 가지의 방향으로 가는 것으로 보인다. 어떤 사람들은 선하고 고상한 일에 자신들의 노력을 바침으로써 그들의 칭찬할 만한 실천이 그들이 바라는 인정을 가져옴으로써 의를 얻고자 한다. 반대로 어떤 사람들은 마치 자기부정과 자신의 성격을 십자가에 못 박는 것이 그들이 바라는 관계 속으로 인도하는 바람직한 대속이 될 것처럼 부정적이고 자기파괴적인 방식으로 자기 자신에 맞서면서 나아간다. 옳고자 하는 이러한 열망은 세 가지의 주요한 면을 가지고 있다.

> 모든 극장처럼 자기 이미지에는 세 가지 기본적인 요소, 즉 배우(이 경우에는 자기 자신), 연기(특수한 상황에서 개인이 어떻게 행하는가) 그리고 청중(타인과 자기 자신의 조합)이 있다. 그러므로 자기 이미지란 관객 앞에서의 특정한 상황에서 자신의 연기에 대한 배우의 정신적인 형상이라고 정의할 수 있다.[2]

자기정당화는 실제 배우가 개인의 연기를 통해서 자기수용을 경험하기 위하여 관객(타인들 혹은 하나님) 없이도 내부적으로 연기하도록 끌어들인다. 자긍심을 느끼는 선행, 자기파괴적인 행동, 초인간적으로 선하고자 하는 이기적인 노력의 밑바닥에는 생의 궁극적인 원천에게 받아들여지고자 하는 근본적인 갈망이 있다는 것을 명심할 필요가 있다.

자기정당화의 방어 전략

삶의 자기구속적인 전략은 한 개인이 승인, 수용 혹은 용서를 위한 어떤 조처를 취하도록 무의식적으로 부정적인 궁극적 권위를 위한 계략을 세우거나 조종하는 이중적 우상숭배의 두 번째 국면을 반영한다. 우상 자체의 본성과 기질은 우상을 회유하거나 기쁘게 하는 구속의 전략과 자기정당화의 행위를 결정하는 데 있어 중요한 역할을 한다.

Jack Sims 목사는 거의 매주 설교를 준비하는 시간과 관련하여서 자기 일정 관리에 어려움을 겪고 있었다. 그의 교회에는 언제나 할 일이 너무나 많아서 많은 토요일 저녁과 어떨 때는 이른 일요일 아침에까지도 자신이 설교를 위해서 자신의 생각을 짜 맞추느라고 필사적으로 애쓰고 있는 모습을 발견하곤 했다. '대체 무엇이 잘못된 거지?' 라고 그는 씩씩 거렸다. '나도 이제 모든 행동을 제대로 잘해야만 되겠어. 설교를 잘 준비하지 못했으니 나 자신, 교인들 그리고 하나님께도 실패한 거야. 다음 주에는 더 잘해야만 해." 그러나 매 주마다 Jack의 선한 의도가 그의 행동을 별로 바꾸는 것 같지 않았다. 그는 여전히 설교를 준비하면서 마지막 데드라인 1분 전까지도 머릿속에서 정리하지 못하고 설교준비를 마치지 못하는 무능에 대한 죄책감과 씨름하고 있었다. 여러 해 동안 그는 이러한 고통스러운 패턴 속에 갇혀 있었다.

Jack을 결국 심리치료를 받도록 몰아넣은 이 위기 경험를 통해서 그는 설교준비가 어려운 것이 사실 훨씬 더 전반적인 영적이고 정서적인 문제의 증상일 뿐이라는 것을 발견하였다. Jack은 자신이 설교준비와 관련해서 자신의 두 부분, 즉 두 가지의 잠재적 성격 subpersonalities 혹은 잠재적 자기 subselves 사이에 끼어 있음을 발견하였다. Jack은 자신에게 '해야 한다. 해야만 해, 이번 주 초에 꼭 설교문을 써야만 해.' 라고 훈계하는 내면화된 '엄한 감독자 taskmaster' 라 부를 수 있는 잠재적 성격으로부터 나오는 요청으로 인해 설교문

작성의 압박감을 경험하였다. 그러나 모든 당위성과 강요에 저항하는 '지체자procrastinator' 라고 불리는 정반대의 잠재적 성격이 있었다. 지체자는 수동적으로 응답하지만 강하게 반응한다. "아니야, 안되지, 너는 내게 이렇게 명령할 수 없어." 설교준비는 감독자와 지체자 사이의 두 코트를 왔다 갔다 하는 배드민턴 셔틀콕 같았다. 써야 한다는 모든 요구가 그에 대한 저항에 맞부딪혔다. 오직 '데드라인이라는 악마' 만이 그로 하여금 설교준비를 마치도록 하였다.

치료 중에 Jack은 이 두 잠재적 성격 아래에 무언가 있음을 발견했다. 어릴 적에 자라면서 Jack은 자신의 성취뿐 아니라 타인을 돕고 배려하는 중에 주위의 관심과 인정을 받았다는 것을 알게 되었다. 그는 자신이 타인의 필요와 기대를 만족시킬 때에 자신을 가치있게 생각했다. 그러나 그는 있는 그대로의 자신이 되는 것만으로 남들에게 용납되고 사랑받을 수 있다는 것을 알지 못했다. Jack은 선행이나 사려 깊은 행동, 혹은 성공적인 성취가 자신에게 외부의 인정을 받도록 한다고 느꼈다. 다섯 살이 되기도 전에 Jack은 자신의 욕구와 감정을 부정하고 자신의 진정한 자기를 희생하고 타인을 돌보는 '착한 사람' 이 됨으로써 한 인간으로서 의롭다고 인정받는다는 교훈을 배웠던 것이다. Jack은 어린 소년으로서 '신경증적인 목회자 정체성neurotic pastoral identity' 을 발전시켰다. 그는 자신이 타인을 돌보고 자신을 낮출 때에만 가치가 있다는 것을 배웠다. 그 패턴이 성인기까지 지속되었다.

Jack은 아동기에 중요한 타인으로부터 전해지는 은혜를 경험하지 못했다. 어린 아동으로서도 그는 권위자를 의지할 수 없다고 인식했고 오직 자기 자신과 자기의 자원과 성취만을 의지할 수 있다고 느꼈다. 자존감을 보존하려는 그의 무의식적 전략은 그가 실제로 신뢰하지 않는 자기 주변의 사람들의 승인을 얻도록 노력하고 그들을 기쁘게 하는 것이었다. 그러나 내면 깊은 곳에서 Jack은 그가 받아들여지지 않는 것에 분개심을 느꼈고 그것이 여러 가지 은밀하고 수동적인 방식으로 드러났다. 자연적으로 그는 아동기의 믿을 수 없었던 권위자의 이미지를 하나님에게 투사하였고, 어릴 적 자신이 착하고 자기희생적인 아이였던 것처럼 착하고 열성적으로 일하는 목사가 되어 '사랑 없고 용납하지 않는 하나님'을 조종하려고 애썼던 것이다.

Jack은 두 가지의 우상숭배에 사로잡혔다. 첫째, 그는 생활 속에서 하나님의 속성을 잘못 인식하고, 의지할 수 없고, 은혜스럽지도 않은 부모의 이미지를 궁극적인 권위로 대체하였다. 그러고 나서 그 권위자를 회유하고 그 신으로부터 인정을 받기 위해서 Jack은 구원 추구의 길로 하나님이 선물로 주신 속성을 희생하는 두 번째의 우상숭배에까지 나아갔다. 그의 성격의 핵심 요소를 억압한 것은 그가 필요로 하는 사랑으로부터 배제된 자신을 구하기 위해서 그가 생각해 낸 무의식적인 구세주적인 행위였다. 그러나 역설적이게도 스스로 그 자신을 위한 '그리스도'가 되는 과정에서 Jack은 진실로 구원을 알 수 있도록 그를 위해서 이미 지고의 사랑의 희생을 한 참 그리스도로부터는 소외당하고 말았다.

Jack은 그 두 가지의 우상숭배 모두를 고백할 필요가 있었다. 그는 자라면서 알게 된 조건적인 사랑과 너무나 다른 신적인 사랑을 믿기 위해서 노력해야만 했다. 그는 승인을 얻기 위해서 거짓 신을 통제하려는 시도를 포기해야만 했다. 그는 자신을 먼저 사랑하신 하나님의 근원적인 사랑에 대해서 무언가를 배워야만 했다. 그는 하나님의 은혜로운 사랑을 의지할 수 있다는 것과 죄의 상태에서 신의 은혜로 의롭다 인정받는 의인義認, justification은 무엇인가를 수행해야만 한다는 요청이 아니라 하나의 선물인 것을 배워야만 했다. 은혜로 인한 믿음으로 의롭다 함을 받는 의인의 신학은 그의 교인들에게는 사실이지만 그에게는 그렇지 못했던 사실, 즉 전적으로 지적인 개념에서 벗어나 자신을 위해서 먼저 사랑하신 하나님 그리고 창조주와 그를 재결합시키기 위해서 어떤 대가를 치르고서라도 그를 구해 내신 사실을 내면적으로 경험하도록 변화시켜야만 했다. 얼마 안 가서 기독교의 복음이 그에게도 복음이 되었다. 마침내 Jack은 개인적으로도 그리고 직업적으로도 선행의 종교와 율법수행을 추구하는 종교로부터 그리스도 안에서 하나님과의 신뢰관계에 대한 깊은 체험으로 옮겨가게 되었다.

위의 예화는 사랑과 은총을 갈구하지만 자신을 인정하고 합리화하기 위하여 자기 패배적인 전략을 구사하는 심리내적인 우상에 갇혀 버린 성직자와 평신도의 생활에서 수천 가지 변형으로 반복해서 설명할 수 있다. 아동기에 있어서 가족의 중요한 권위적인 인물과의 경험은 사람들이 타인과의 신뢰와 은혜 관계를 발전시키거나 아니면 자신의 성격을 파괴적으로 조작하지 않는 한 지지받거나, 인정받거나, 또는 수용 받지 못하는 심리적 및 영적 패턴에 어떻게 관여하게 되는가를 정하는 데 종종 결정적인 역할을 한다.

신학자 Paul Tillich는 특히 상담관계에서 한 사람을 수용하는 것이 인간들이 용납할 만하지 않을 때조차도 그들을 용납하시는 하나님의 복음을 위한 좋은 예가 된다고 주장하였다. Tillich는 '은혜를 통한 믿음으로 의롭다 하심'의 교리의 핵심, 즉 하나님에게 용납될 자격이 없다고 느끼는 사람이 용납되었다는 좋은 소식이 상담관계에서 수용의 중요성을 강조한 심리치료 분야에 의해서 상당 부분 가능하게 되었다고 보았다.

> 정신적인 혼란을 겪는 사람에 대한 비판단적이고 비지시적인 수용의 정신분석적인 패턴이 기독상담과 상담을 통한 교육, 그리고 교육을 통한 신학적 물음의 모델이 되었다. 오늘날의 신학은 스스로도 용납할 수 없는 사람을 하나님이 용납하신 사실이 기독교 메시지의 핵심, 그리고 설교와 목회상담을 위한 신학적 근거의 핵심이라고 재차 말할 수 있다. 프로이트 자신의 반종교적인 주장에도 불구하고 그에 의한 지적인 분위기의 변형이 기독교의 핵심적인 메시지, 즉 용납의 복음을 재발견하는 최대의 지적인 근거가 되었다고 말할 수 있다.[3]

목회상담사는 하나님의 우상숭배적인 이미지의 속박에 갇힌 사람들이 어느 정도까지 거짓된 율법에 따르며 선행으로 의인의롭다 함을 받아 구속을 추구하며 살아가는지를 가늠해 볼 필요가 있다. 이러한 사람들은 '나의 멍에는 어렵고 나의 짐은 무겁다.'는 세속적인 경전에 따라 살아간다. 목회상담사는 하나님의 은총을 경험하거나 받아 보지 못했기 때문에 자기정당화에 사로잡힌 내담자들을 이해하는 데 매우 유익할 수 있다.

종종 이러한 사람들은 자기 자신과 자기들의 종교적인 의무를 매우 진지하게 여기는 책임감 있고 열심히 일하는 교인들이다. 그들은 주로 부모 및 성인 자아 상태로부터 움직이는 경향이 있고 어린아이의 자아 상태로부터 느낄 수 있는 자발적이고 재미를 추구하는 차원은 그들의 경험에 있어서 생소하다. 그들은 종종 합리적으로, 논리적으로, 지적으로 기능하며 자신들의 성격에 있어서 직관적이고 정서적인 부분과는 거의 접촉하지 않는다. 그들은 좌뇌의 인지적 접근과 함께 우뇌의 은유적이고 상징적인 사고를 제대로 통합할 수가 없다. 이러한 사람들은 궁극적인 실재를 경험할 때 초인간적인 노력으로 자신들을 정당화함으로써 용납되기 위해서 끊임없이 일해야만 한다고 요청당하는 사람들이 갖는 정서적이고 신체적 문제들에 지배당하기 쉽다.

목회상담사는 획득하거나 공로로 얻을 수 있는 것이 아닌 보편적이고 심오한 인간의 인정 욕구를 이해하는 최전방에 위치해 있다. 다양한 업적을 통해서 추구하는 자기정당화는 진정한 자기$_{true\ self}$가 있는 그대로 사랑받거나 용납된다고 경험하지 못하기 때문에 속이 텅 빈 성공임이 판명된다. 사람들의 독특성을 인정하고 수용하는 거룩한 사랑에 대한 바람을 표현하는 기도는 다음과 같은 구절로 시작된다. "오, 당신은 우리 한 사람 한 사람을 당신의 외아들처럼 사랑하십니다." 각 사람의 마음속에는 개인의 특수성과 독특성을 인정하는 거룩한 보증자$_{Divine\ Guarantor}$에 대한 갈망이 있다.

사람들은 종종 그들의 가장 중요한 대인관계에서 업적과 다른 순응적인 행위를 통해서 인정과 용납을 얻어 내려고 노력해야 했지만 결국 용납이 이루어지지 않을 수 있다는 것을 믿기 어려울 때가 있다. 이로 인해서 "나 스스로 하는 편이 낫겠어."라는 자만심을 이끌 수가 있고, 결과적으로 은혜를 받아들이는 데 장애가 된다. 사람들이 신뢰와 은혜에 대한 건전한 경험이 부족할 때, 통상적으로 은혜의 복음을 가슴 깊이 받아들이기가 어렵다. 종종 다른 사람을 통해서 은혜를 입었을 때에만 신적인 은혜의 가능성에 마음이 열릴 수 있다. Reuel Howe는 '사람으로 인한 상처$_{\text{person hurts}}$'를 극복하도록 돕기 위해서는 '치유하는 사람$_{\text{person healing}}$'이 필요하다는 말을 즐겨했다.[4]

목회상담사는 자기 자신이나 내담자 가운데에서 은혜보다는 자기정당화를 더 믿도록 하는 우상숭배의 역동을 발견할 때에 너무 빨리 판단하거나 정죄하는 식으로 직면해서는 안 된다. 사람들은 왜 그렇게 영적으로 기만하는 패턴을 선택할 필요가 있었는지에 대한 주관적인 이유를 탐색하고 인정하며, 또한 이것을 주장하고 고백하기 위해서는 일단 수용되는 분위기가 필요하다. 중요한 것은 여러 가지 방식으로 아동기 시절 가족 가운데서 확실하게 생존하기 위해서 필요한 적응기제였던 것을 스스로 혹은 타인에 대해서 정죄하지 않는 것이다. 너무나 흔히 사람들은 자신들이 살아온 우상숭배적인 패턴을 발견하고 고백할 때 그들의 비판적인 부분이 "나는 지금의 내가 아니어야 한다. 나는 나쁘다. 나는 실패자다."라고 말하곤 한다. 그러한 정죄는 용서와 화해로의 문을 닫아 버리고 자기정죄 가운데에 가두고 말 수가 있다. 그러므로 자기를 정당화하는 내담자의 패턴을 발견할 때 목회상담사가 이를 이해하고 수용해 주는 일이 자기비난을 넘어서 은혜의 경험으로 이끌 수 있다.

은혜로 들어가는 문

사람들이 스스로를 사랑받는 사람으로 수용하도록 목회상담사가 돕는 다양한 방법들이 있다. 이러한 임무를 수행하기 위해서 서로 다른 방식으로 일하고 있는 목회상담사에 관한 몇 가지 예화를 보도록 하자. 첫째 방식은 내담자에게 자기를 정당화하는 삶을 살도록 하는 억압적인 우상에게 이름을 붙이도록 도와주는 것이다. 사람들은 우상 이미지에 참 하나님의 이름을 줄 수도 있다. 우상에 이름을 붙이는 것은 그 우상의 힘을 줄이도록 도울 수가 있다.

예를 들면, 지역 교구의 한 노신사가 그의 신앙심과 교회를 위한 봉사로 인해서 집사가 되었다. 그러나 그가 개인적으로 목회상담사에게 털어놓은 것은 그가 결코 하나님을 만족시킬 만큼 할 수 없다는 내면의 감정으로 고통받고 있다는 것이었다. 그의 삶에 대한 하나님의 인정을 얻기 위해 그는 언제나 조금 더하고 조금 더 잘하도록 쫓기듯 살고 있었다. 상담사는 결코 만족시킬 수 없는 끝없이 요구하시는 하나님의 이러한 괴물 같은 이미지가 예수 그리스도에 계시된 하나님과는 근본적으로 다르다는 것을 알았기에 그 집사에게 그의 하나님에 대한 정신적인 표상에 관해서 질문을 던졌다. 마침내 그는 그의 하나님 이미지를 '요구자demander'로 규정하고 이름을 붙일 수가 있었다. 그는 그가 결코 만족시킬 수 없었던 처벌적이고 비난을 멈추지 않았던 자신의 아버지로부터 그 요구자가 비롯되었음을 깨달았다. 그가 이전에는 이 분노의 신을 만족시킬 수 없었던 죄책감을 경험한 반면에 이제 그는 그의 진정한 죄의식이란 바로 아버지의 이미지를 우상숭배적으로 투사해 온 것임을 알게 되었다. 상담사의 도움으로 그 집사는 점차적으로 하나님의 속성이 지속적으로 요구하는 분노 대신에 충만한 은혜임을 믿을 수 있게 되었다.

거짓된 궁극적 권위를 달래기 위해서 사용된 우상숭배적이고 스스로 정당화하는 패턴에 이름을 붙이는 것은 개인으로 하여금 사랑과 은혜에 의해서 의롭게 여겨지고 인정받으며 확증을 받는 일에 자유롭게 마음을 열도록 도와준다. 예를 들면, 회사의 어떤 중역이 거의 잠을 자지 못하고 오랫동안 강도 높게 일을 한 후에 지쳐서 우울증의 상태에 빠져들게 되었다. 치료 이전에 이미 그의 자가 진단은 언제나 우울증과 탈진이었다. 그러나 보다 자세히 탐색해 보니 그 사업가가 청소년이었을 때에 그의 사랑하는 형이 그랬던 것처럼 미치거나 붕괴될까 하는 공포가 있었음이 드러났다. 그의 형이 거의 종신토록 정신병원에 수용되기 전에 그는 형과 종종 비교되었기에 그는 그의 형처럼 미칠까 봐 훨씬 더 염려했던 것이다.

미치게 되는 위험을 피하기 위해서 그 중역은 초인적인 수준의 성취를 이루기 위해 노력하였다. 그에게는 '나쁜 신'과의 거래, 즉

'만일 내가 탈진할 때까지 일을 한다면 나의 형처럼 미치게 되지는 않게 지켜 주겠지요.' 라는 신경증적인 거래가 있었다. 그러므로 일시적인 우울증과 탈진은 광기가 그를 괴롭히는 것을 막아 주도록 신의 제단에 구속의 제물을 바치는 것과 같았다. 미치는 것보다는 우울하고 탈진하는 것이 더 나았던 것이다. 정신을 잃지 않도록 그를 보호해 주는 그의 방어 전략에 대해서 이름을 붙임으로 해서 그는 그가 해 온 어리석은 거래의 실상을 볼 수 있었고 보다 자유롭게 은혜가 가득한 세계에 살기를 선택할 수 있었다.

스스로 정당화하려고 애쓰는 사람들의 삶을 치료적으로 개입하는 데 있어서 또 다른 중요한 초점은 세속적 경전이다. 상담사는 거짓말들이 신성한 진리로 둔갑하고 있고 개인의 삶을 심각하게 제한하고 있음을 밝혀내도록 도울 수가 있다. 가사의 의무를 다하고 새로운 영역에 용감하게 나선 한 여성의 삶에서 그 예를 발견할 수 있다. 그녀는 목회를 준비하기 위해서 신학대학원에 입학하기로 결심하였다.

신학대학원 2학기 시절에 그녀는 자신의 정서적인 화학작용과 상충되는 어떤 과목의 남자 교수를 만나게 되었다. 분명한 것은 그 상황에서 유일하게 할 수 있는 합리적이고 책임적인 결정은 그 과목 수강을 철회하는 것이었다. 신체적 반작용을 포함해서 그녀 내부의 모든 것이 그 과목을 듣지 말아야 한다고 암시를 주었다. 그러나 그녀의 아동기 신념체계 중 어떤 중요한 요소가 그녀가 그렇게 하는 것을 막는 커다란 장벽처럼 서 있었다. 목회상담사와의 대화를 통해서 그녀는 어렸을 때 세속적 경전에서 가르침을 받았다는 것을 깨달았다. 그 가르침은 다음과 같다. "삶에서 너에게 찾아오는 모든 것은 하나님의 섭리의 손으로부터 오는 것이다. 그러므로 무슨 일이 찾아오든지 간에 그것이 너를 향한 하나님의 뜻이기에 언제나 견뎌야 한다. 어떤 속박에도 '아니요' 라고 대답한다면 실패하게 될 것이다. 그리고 불가능한 압박을 당할 때 다른 사람에게 도움을 청해서는 안 된다. 바로 하나님께서 너의 외로움 가운데서 너를 바라보실 것이다. 그렇지 않으면 너는 약해지고 무책임한 사람이 되는 것이다."

그녀는 억압적인 상황에 대처하는 방법을 선택할 자유가 없었다. 대처에 대해 책임지는 방법으로 그 상황에서 대안을 선택할 수도 있다는 것을 알 수가 없었던 것이다. 상담사의 도움으로 그녀의 세속적 경전에서 오는 가르침의 어리석음을 깨달았을 때에 그녀는 그 과목을 철회하는 결정을 선택할 수 있었고 깊은 안도감을 경험하였다. 목회상담사가 사람들이 그들의 우상숭배와 세속적 경전의 가르침을 직면하도록 도울 때, 내담자들은 선행에 의하여 의롭게 되는 것에 대한 속박으로부터 해방되어 거룩한 은혜의 영역에 들어갈 수 있을 것이다.

때때로 목회상담사는 은혜의 체험을 하지 못하고, 무겁고, 염려스런 삶의 차원에 초점을 맞추고 있는 개인들이 하나님의 창조 안에서 어떠한 계시적인 사건을 만남으로써 그들의 지평을 확장할 수 있다는 것을 알게 될 것이다. 삶의 무게와 어두움으로 갈등하던 한 사람이 보스턴에서의 독립 200주년 기념제 때 커다란 배가 도시에 들어오는 것을 보고 어떻게 은혜의 빛으로 나아가게 되었는지를 설명해 주는 감동적인 예화가 있다. 시적 정신을 갖고 있는 그 내담자는 그 당시의 경험을 다음과 같이 이야기한다.

"커다란 배가 보스턴으로 오고 있었다. 텔레비전, 신문, 잡지, 라디오에서 그 사실을 보도하였다. 배의 이미지들이 나의 의식 가운데로 밀려 들어왔다. 나는 세련되게 표현할 수가 없었다. 그저 그 배들의 아름다움이 불러일으키는 흥분에 빠져 들어갔다. 배들이 보스턴 항으로 항해하여 들어오던 그날 나는 식탁에 꼼짝도 못하고 앉아서 내가 커다란 배를 볼 필요가 있다는 것을 점점 더 자각할 수밖에 없었다. 그 욕구가 너무나 강렬해서 나는 놀랐다. 나는 그 강렬함도, 나의 눈 뒤에서 타오르면서 흘러나오지 않는 눈물도 이해할 수도 없었다."

"그 다음날 나는 상담사에게 전날의 경험을 이야기하였다. 나는 나의 가치와 능력에 대한 의심과 불확실성 때문에 갈등하고 있었다. 그러나 동시에 신비하게도 나는 커다란 배가 들어오는 장면에 빠져 있었던 것이다. 방법은 너무나 간단하였다. 상담사는 '이번 주에 보스턴 항구에 가 보는 것이 어떨까요? 커다란 배에서 시간을 보내 보세요. 모든 감각을 다 동원해서 그 배를 느껴 보세요. 그 커다란 배가 당신에게 말하고자 하는 바가 무엇이든지 간에 한번 마음을 열어 보세요. 그러고 나서 되돌아보고 당신이 적당하다고 생각하는 대로 기록을 하십시오.'"

"나는 했다. 그 수요일에 250,000명의 보스턴 사람들과 함께 포르투갈에서 오는 Sagres 2호가 부두에 도달할 때까지 줄을 서서 움직이고 있었다. 그 배가 도착하자 내 주변의 모든 것과 모든 사람들이 사라졌다. 한 시간 동안 그 배가 내 안에 형상을 만들도록 하였다. 이틀 후에도 그 이미지가 내 안에 견고하게 남아 있었다. 셋째 날에 그것이 움직였고 나는 기록하였다."

"나는 위엄 있고, 아름답고, 중심을 잘 잡고 있는 **커다란 배다**.
나는 **은혜다**. 나는 바람이 나에게 힘을 실어 주며 나의 항해를 채워 주고 있다고 느낀다.
나는 두렵지 않다.

내가 움직일 때조차 나는 나의 중심을 잡는다.
나는 내 속에 나에게 어떤 목적지도 거부할 흐름이 움직임을 느낄 때, 내가 파도의 움직임을 느낄 때 나로 하여금 차분한 행보를 하게 한다.
어떤 날에는 애무로 나를 흔들어 주고, 지지해 주고, 안아 준다.
또 다른 날에는 나의 적처럼 공격하고, 나에게 부딪히고
나를 쓸어 간다.

나는 기다린다. 나는 경청한다.

바다는 잔잔해진다. 공기는 고요하다.

나는 고통을 느끼지만 물 위에 잘 떠 있다.

또 다른 미풍에 대한 약속이 온통 나의 주위를 감싸고 있다.

그것은 휘젓고 있다. 나는 준비해야 한다.

나는 나의 그러한 부분들을 알고 있다.

내게 강함과 아름다움을 주는

나의 계획의 일부분이다.

그것 없이는 나는 넘어질 것이다.

밧줄이

장비가

돛대가

바퀴가

닻이

모두 완벽한 긴장 속에 서로를 붙들고 있다.

각기 움직이는 데 저마다 특별한 훈련을 필요로 하지만

나의 돛이 바람을 타고 부풀어 올라

각 부분들이 교향곡처럼

이렇게 시간에 맞춰 정밀하게

움직이는구나

나는 자유다!"

사람들이 자기 자신의 구세주가 되려는 욕구를 알게 되는 또 다른 길은 성서적인 사건에 대한 관상 기도 중에 예수를 만남으로써 이루어진다. 자신을 실존적으로 다양한 성서의 장면에 놓아보고, 그 이야기의 주인공과 이야기하는 것을 포함해서 상상으로 서로 다른 역할을 연기해 보는 것은 개인이 얼마나 자기 자신의 구세주가 되어야 했었는지 그 정도를 알려 줄 뿐만 아니라 하나님의 사랑을 신뢰할 가능성 또한 열어 놓을 수 있다. 때때로 이 과정은 영적 지도spiritual direction에서 수행될 수 있다. 예를 들면, 사람들이 영적 지도를 통해서 정서적으로 혹은 영적으로 꼼짝 못하고 정체되어 있는 시기를 지날 때, 영적 지도자는 신약성서에 등장하는 한 복음서 이야기, 즉 네 명의 친구에 의해서 지붕을 통해서 고침을 받기 위해 예수께 내려졌던 중풍 환자의 이야기에 기도로 참여해 보도록 제안할 수 있다. 개인들이 자신을 중풍 환자와 동일시할 수는 있지만 예수 가까이에 있는 복잡한 상황을 극복하는 데 도움을 받기 위해서 친구들에게 의존적이 되도록 상상 속에서 허용할 수 없는 것은 드문 일이 아니다. 사람들은 도움을 주는 친구들의 돌봄 받기를 자신들이 어떻게 거부하는가를 보게 될 때에 '나는 차라리 내가 하고 말겠어.' 라는 확신에 의해서 사는 것이 무엇을 의미하는지 그 깊은 의미를 알게 될 것이다.

영적 지도에서 개인적으로 내가 경험한 또 다른 예는 나의 영적 지도사가 최후의 만찬 전날 밤에 예수께서 제자들의 발을 씻기신 것과 관련하여서 관상 기도를 하라고 하였을 때에 일어났다. 지도사가 세족식 이야기를 제안하였을 때에 내게 첫 번째 드는 생각은 '물론 나는 다른 사람의 발을 쉽게 씻을 수 있을 거야.' 라는 것이었다. 그러나 그때 나는 갑자기 그 특별한 구절을 제안하면서 지도

사가 나를 위해서 세족행위를 '하라$_{do}$' 는 것이 아니라 그것을 '받으라$_{receive}$' 는 것임을 깨달았다. 나는 여러 주일 동안 그 성서구절을 가지고 씨름하면서, 세족 목회의 수여자가 되기 위해서 내가 조력자가 되는 것을 포기하려고 애썼다.

행위에 의하여 의롭다 함을 받는다는 주제는 또한 꿈속에서도 볼 수가 있다. 한 내담자가 꿈을 꾸었는데 그 꿈의 주제가 바로 유능하고도 경쟁력 있게 타인을 섬김을 통해서 수용받는다는 것이었다. 그 내담자는 자신의 직장의 사장을 비롯한 다른 사람들이 방문하러 왔을 때 여자 친구와 자신의 아파트에 있는 꿈을 꾸었다. 사장은 다리에 발찌를 차고 있었는데 자신도 한때 발찌를 했던 때를 상기시켜 주었다. 사람들은 모두 밤새 함께 있었고 그 다음날 아침에 교회로 갔다. 예배가 매우 길었고 내담자는 기도 시간에 잠이 들었다. 그들은 오후 1시가 지나서야 교회를 떠났다. 그들이 내담자의 아파트에 돌아왔을 때 저녁에 먹으려던 감자가 썩어 있었다. 사람들은 먹지 않겠다고 하며 떠나갔다. 그 순간 내담자는 매우 외롭다고 느꼈다.

치료 그룹에서 이 꿈을 이야기한 후에 누군가가 "그래서 당신은 썩은 감자와 함께 외롭게 남았었군요."라고 말했다. 그녀는 "나는 다른 사람들을 편안하게 하느라고 너무나 지쳤던 거예요. 나는 너무나 바빴고 마치 우리 식구가 집에 오면 내가 식구들 편안하게 하려고 애쓰는 것과 똑같았어요."라고 대답했다. 그녀는 손님들을 편안하게 하려고 너무 바삐 움직이다 보니 지치게 되었고, 실제로 예배 시간에 깨어 있을 수가 없었다. 다른 사람이 그녀에게 "예수님이 그 꿈에 관해서 뭐라고 말씀하실 것 같으세요?"라고 물었다. 그녀는 재빨리 "아세요? 그 꿈이 저에게 마리아와 마르다를 생각나게 해 주었어요."라고 대답했다. 꿈이 주는 지혜를 이해해 가면서 그녀는 자신이 주어진 일을 지치도록 힘들게 행함으로써 하나님을 포함해서 다른 사람에게 용납되기 위하여 얼마나 바쁘게 일하고 있는지 깨닫게 되었다. 그녀는 그녀의 참 친구 되시는 신의 사랑과 은혜의 관계를 받아들이고 누릴 필요를 놓치고 말았던 것이다.

신의 은혜로 의롭다고 인정받는 의인$_{justification}$이라는 신학적 주제에 관한 꿈 작업과 관련해서 가장 감동적인 경험은 내가 치료 그룹을 인도할 때의 일이다. 꿈을 이야기한 사람은 성장 배경에서 굉장한 상처와 거절을 경험했고, 대인관계에서는 부모 역할을 자임하고 있었다. 그녀에게는 생활 속에서 하나님이나 사람들에게 의지하고 기대는 것이 무척 어려웠다. 그러나 치료 과정 중에 새로운 단계를 경험하게 되었는데, 그것은 남편과 별거하고 나서 엄청난 스트레스로 인해서 어쩔 수 없이 그녀가 치료사를 포함해서 치료 그룹에 의지할 수밖에 없도록 몰렸던 것이다. 그때에 그녀는 다음과 같은 꿈을 꾸었다.

그녀는 다른 세 여인과 함께 뗏목에 묶여 있었다. 그녀는 춥고 배고팠으나 바다에서 자신이 구조되도록 아무런 일도 할 수가 없었다. 여인 중 한 명이 자기들이 구조받지 못할 것이라고 소리 질렀으나, 그때에 갑자기 해안 경비정이 키에 나를 태우고 나타났다. 나는 뗏목을 배에 연결시켜 해안으로 끌고 갔다. 얕은 물에 도착하자, 여인들을 풀어 주었고 그들은 안전하게 되었다. 그러나 내담자는 자신을 좀 더 일찍 풀어 주고 즉각적으로 배 안으로 끌고 들어갔으면 거기에서 몸도 말리고 먹을 음식이 있을 수도 있다고 생각했는데 그렇지 않아서 신경질이 났다. 그러나 잠시 후 그녀는 모든 여인들이 하나의 밧줄에 함께 묶여 있었다는 것을 알게 되었고, 만일 줄이 깊은 물속에서 끊어지거나 느슨해졌다면 그들 중 하나 혹은 모두가 물에 빠질 수도 있다는 것을 알게 되었다. 그녀는 또한 자신이 수영을 할 줄 모른다는 것이 생각났다. 내담자 자신이 구조받기 위해서 스스로 어떠한 방법을 취했다면 아마도 그녀가 물에 빠지거나 익사하게 할 수도 있었다. 그녀가 구조될 수 있었던 것은 오직 그녀가 평소와 같은 통제를 포기하고 다른 사람들을 신뢰한 것 때문이었다. 그러므로 이런 구조 방식은 그녀 자신을 초월한 곳에서 오는 것처럼 보이는데, 전적인 자기의존이라는 그녀의 전통적인 전략과는 아주 다른 것이었다.

내담자의 행위에 의한 의인 유형을 우상숭배로 규정하기 위해서 목회적인 권위를 활용하여 직면하는 것이 종종 사람들을 행위 대신에 믿음으로 살도록 해방시키는 데 유용하다.

예를 들면, 한 적극적인 교회여성이 있었는데, 그녀는 친절함, 상냥함과 선함이 정서적인 생존에 절대적 필수요건인 가정에서 자라났다. 그러나 이 내담자는 이러한 원가족에서의 패턴을 보다 더 큰 세계에까지 옮겨갔다. 그녀는 친절한 것을 거룩한 것과 정확하게 동일시하였다. 그녀의 역동에 대해 분명히 이해하기 시작하고 관계 속에서 굳건한 라포를 형성하고 나서, 나는 그녀에게 신학적인 관점에서 그렇게 상냥하고 친절하게 함으로써 거룩함에 대한 점수를 따는 것은 공로에 의한 의인과 관련된 우상숭배적임을 생각해 보도록 도전하였다. 나는 또한 그녀의 거룩함이 거룩하신 분보다는 악마와 더 관계가 있다고 이야기하였다. 그러한 직면이 그녀의 삶의 근본적인 태도에 대한 과격한 도전이었지만, 그녀가 거룩한 상냥함으로써 자신 스스로를 구하려고 하는 기만적인 방어 전략을 지속한다면 그녀는 자신의 영혼이 위험에 빠질 수 있다는 것을 이해할 수 있었다.

사람들이 자기정당화라는 낡은 창조물로부터 은혜를 통해 믿음에 의해서 의롭다 함을 입는다는 새로운 창조물로 옮겨가도록 돕는 주제의 측면에서 보면 목회 심리치료의 본질이 되는 이 사실은 신약성서 에베소서의 다음 구절에 잘 기술되어 있다.

> 긍휼에 풍성하신 하나님이 우리를 사랑하신 그 큰 사랑으로 인하여 허물로 죽은 우리를 그리스도와 함께 살리셨고(너희가 은혜로 구원을 받은 것이라) 또 함께 일으키사 그리스도 예수 안에서 함께 하늘에 앉히시니 이는 그리스도 예수 안에서 우리에게 자비하심으로써 그 은혜의 지극히 풍성함을 오는 여러 세대에 나타내려 하심이니라. 너희는 그 은혜에 인하여 믿음으로 말미암아 구원을 받았으니 이것이 너희에게서 난 것이 아니요 하나님의 선물이라. 행위에서 난 것이 아니니 이는 누구든지 자랑하지 못하게 함이라. 우리는 그가 만드신 바라 그리스도 예수 안에서 선한 일을 위하여 지으심을 받은 자니 이 일은 하나님이 전에 예비하사 우리로 그 가운데서 행하게 하려 하심이니라(엡 2: 4-10).

Taking
On the
Gods

Chapter
6

성육신적인 목회사역

Chapter 6

Taking on the Gods

성육신적인 목회사역

Maria라는 어린 소녀에 대한 잘 알려진 이야기가 있다. 그녀의 어머니는 헌신적인 종교인으로서 사랑과 수용의 감각을 가지고 Maria를 양육하려고 애를 썼다. 그녀는 Maria가 소심하여 두려움이 많은 사람이 되기를 바라지 않았다. Maria에 대한 어머니의 가르침의 핵심은 "하나님이 너를 사랑하신다. 하나님이 너를 인도하신다. 하나님이 너를 보호하실 것이다. 너는 결코 두려워할 필요가 없다." 였다. 그러나 어느 날 밤에 무서운 폭풍우가 몰아쳤다. Maria는 혼자 침대에 있었다. Maria는 코를 창유리에 대고서 번개가 지그재그로 하늘을 가로지는 것을 바라보았고 천둥 울리는 소리를 듣고 있었다. 그녀는 "엄마, 엄마 나 무서워요!"라고 울며 소리쳤다. Maria의 어머니는 그녀의 방문에 와서, "Maria, 엄마가 하나님께서 너를 사랑하시고 돌보시니 너는 결코 두려워할 필요가 없다고 가르치지 않았니?"라고 말했다. "엄마, 알아요. 나 그거 모두 믿어요. 그러나 오늘 밤에 나는 누군가 내 몸을 기댈 사람이 필요해요."

목회상담 사역은 누군가 옆에 기댈 사람을 필요로 하는 사람들을 위한 것이다. 이는 성육신적인 목회사역incarnational ministry이다. 이는 사람들과 그들이 두려워하는 폭풍우와 어두운 밤을 함께 순례하는 사역이다. 사람들의 내면생활 속에 있는, 혹은 그들의 갈등하는 대인관계로 인한 지옥 속으로, 또한 사회적 압박과 불의로 넘쳐나는 지옥 같은 곳으로 함께 걸어들어 가는 것이다. 도움을 받기 위해서 우리에게 오는 사람들의 지옥으로 여행하기 위해서 우리는 우리의 마음과 영혼 안에 하나님의 돌보시며 고난받으시는 사랑이 그 지옥 같은 곳에 우리 이전에 이미 계셨고, 이제 지금은 여기에 우리와 함께 있고, 우리가 떠난 이후에도 거기에 계실 것임을 알 필요가 있다. 어떤 주요 개신교단의 예전서에는 사도신경에 대하여 한 구절이 선택적으로 포함될 수 있음을 각주로 명기하고 있다. "이 사도신경을 전통적으로 사용할 때는 다음의 구절을 포함한다. '그하나님가 지옥으로 내려가셨다.'"[1] 나의 본능적인 반응은 '젠장, 그 구절은 선택사항이 아니야!' 다. 하나님이 친밀하게 모든 사람의 고통과 갈등 가운데에 관여하신다는 살아 있는 지식이야말로 우리가 인생의 어둡고 그늘진 곳에서 사역하기 위하여 용감하게 헌신할 수 있도록 인도하는 은유다.

상처 입은 치유자들

목회상담사가 타인의 고통에 대해서 보다 온전하게 사역할 수 있는 것은 오직 그들이 자기 자신의 삶에서 고통, 상처, 취약성과 지옥들을 거듭하여 이해하게 되었을 때라고 확신한다. Henri Nouwen의 '상처 입은 치유자wounded healer' 개념은 여기에 적절한 이미지다.[2] 목회상담의 질은 종종 상담사가 자기 자신의 정서적이고 영적인 상처를 마주하고 치유와 위로를 받았는가에 달려 있다. 고통으로부터의 대속을 추구하는 과제를 회피하거나 부인하는 것은 목회상담사로서 효율적으로 기능하는 데 중대한 장애를 일으킨다. 너무나 많은 목회상담사들이 과거에 나의 박사과정 지도교수가 교육적 치료didactic therapy에 참여하는 것이 나의 학위과정에 필수요건이라고 이야기 했을 때에 내가 그랬던 것과 같은 반응을 보인다. 나는 이에 대해서 배신감을 느꼈고 화가 났다. 왜냐하면 내가 그 과정에 들어갈 때는 그렇게 나의 심리세계를 개인적으로 탐색하는 것이 학위과정 계약의 일부분이라는 것을 알지 못한 채 들어갔기 때문이었다. 말할 나위도 없이 무의식적인 문제에 대한 시건방진 무지는 나의 심리내적인 빙산이 서서히 드러나면서 곧바로 극복되었으며, 수년간 여러 치료사들과의 치료를 통해서 변화와 치유가 이루어졌다.

목회상담의 기술을 아는 것만으로는 충분하지 않다는 사실이 고통스럽지만 분명하게 내게 다가왔다. 목회상담 기술의 가장 중요한 도구인 나 자신에게 만일 상처가 있고 사각지대가 있다면 내가 상담하고 있는 사람들에게 역으로 영향을 미치지 않도록 탐색되고 변형되어야 할 필요가 있는 것이다. 우리 내담자들이 우리에게 설명하는 고통을 자신도 똑같이 헤쳐 지나 왔기에, 목회상담사로서 얼마나 자주 우리가 이해와 연민, 그리고 창조적인 대응 전략을 가지고 반응하게 되는가? 이는 상담사와 내담자가 비행기에서 정글 속으로 낙하산을 타고 내려오는 것과 같다. 그들이 착륙할 때 상담사는 자기 자신의 내면의 정글을 탐색한 경험은 물론 다른 사람들을 그들의 정글 안으로 안내한 이전의 경험이 있기 때문에 내담자를 잘 안내할 수 있다.

이러한 사실은 몇 년 전 성직자들을 참가시킨 한 박사 논문에서 증명되었다.[3] 성직자들은 애도 사역에 관한 13주 세미나를 참석하였다. 세미나를 통해서 성직자들은 애도 과정을 겪고 있는 사람들을 돕는 지식과 최상의 기술을 배울 수 있었다. 그들은 세미나가 시작되기 전에 사랑하는 이를 잃은 이들을 위한 목회에 그들이 얼마나 효율적이었는지를 확인하는 사전 검사를 받았다. 13주 세미나가 끝나자마자 세미나가 참가자들에게 어떤 영향을 주었는지 알기 위해서 같은 검사를 시행하였다. 사후 검사는 애도 사역에 대한 성직자들의 기술에 실질적인 성장이 있었음을 보여 주었다. 몇 달 후에 세미나의 효과가 지속되는지 알아보기 위해서 같은 검사가 행해졌다. 그러나 결과는 실망스러운 것이었다. 세미나가 끝난 이후에 성직자들은 애도 상황에 대처하는 효율성의 수준이 이전 상태로 퇴보했던 것이다.

퇴보의 주요 이유는 아마도 참가한 성직자가 세미나 기간 동안에 자기 자신의 슬픔과 상실의 경험을 이야기하도록 요청받지 않았기 때문이다. 즉, 상처받은 치유자들이 그들 자신의 고통과 슬픔을 가지고 직접적으로 작업을 하지 않았고 슬픔에 관한 그들 자신의 개인적인 태도와 가치가 세미나에서 다루어지지 않았기 때문에, 그들은 실제로 어떠한 장기적인 변화를 위한 새로운 정보로 통합시키지는 못하였던 것이다. 목회상담 사역은 목회상담사의 진정한 가슴 한가운데에 자리 잡고 있다는 말이 심오하게 느껴진다. "마음은 가슴속에 있다."The mind is in the heart는 말은 목회상담 사역에서 자기self를 치료적으로 사용하는 결정적인 진리를 대변해 주는 한 가지 방식이기도 한다.

목회상담사의 내재적인 세계관과 신념체계는 상담관계에 깊은 영향을 미친다. 목회상담사의 가치, 태도, 대상관계, 의식적이고 무의식적인 정신적 신神 표상, 그리고 목회상담사의 신념을 형성하게 도움을 준 경험은 성장을 촉진하거나 아니면 창조성이나 발달에 장애를 더하는 강력한 역할을 한다.

내가 필리핀에서 선교사로 사역하던 기간 중에 성직자의 작용적 신학이 사람들에게 미치는 영향에 크게 충격을 받은 적이 있다. 슬픔에 대한 초창기 개신교 선교사들의 태도와 가치관에 의하면 사랑하는 사람이 죽었을 때에 슬픔을 표현하는 것은 신앙심이 부족하거나 연약한 기독교인임을 나타내는 것이었다. 따라서 죽음에 대한 자연적인 슬픔은 교인들에게 상당한 죄책감을 불러일으켰고, 그들은 슬픔을 불충성과 불신앙의 표현으로 느꼈다. 그러한 죄책감이 슬픔의 경험을 겪어 내는 것을 더 어렵게 하였다. 필리핀 개신교 내에 자리 잡고 있는 전반적인 하위문화는 "애통하는 자는 복이 있나니 그들이 위로를 받을 것임이요."에 대하여 "사랑하는 이의 죽음에 처하여도 슬퍼하지 않음으로 그 신앙을 증거한 자는 복이 있나니"와 같은 대응적인 성구를 내면화하였다. 이와 마찬가지로 슬픔, 죄책감, 분노, 불안, 성욕 등에 대한 목회상담사의 신념체계는 내담자에게 중대한 영향을 미치게 된다.

목회상담은 근본적으로 '신들의 만남' an encounter between the gods이다. 목회상담사와 내담자의 상호작용 영역은 세계관, 가치체계, 신념체계, 우상숭배, 거짓 신들, 참 하나님이 모두 교차하는 활동 무대를 나타낸다. 어떤 치료사들이 여전히 치료사의 중립의 중요성을 주장하는 반면에, 대부분의 목회상담사는 그들 자신의 작용적 신학, 세계관, 가치체계가 최소한 무의식적으로는 그들의 내담자에게 전달된다는 것을 믿고 있다. Paul Tournier는 그것이 의식적으로 혹은 무의식적으로 행해졌든, 의도적으로 혹은 비의도적으로 행해졌든 간에 치료사가 내담자에게 갖고 있는 영적이고 윤리적인 영향에 대해서 특별히 주목하였다. Tournier는 다음과 같이 언급한다.

> 정신분석가들은 때때로 내가 나의 확신을 감추지 않기 때문에 그들이 작업을 수행하는 데 기본적인 원칙이라고 생각하는 도덕적 중립성을 유지하지 않은 데 대해서 나를 나무란다. 그들이 심리치료가 비지시적이어야 한다고 말할 때에 나는 전적으로 그들에게 동의한다. 나는 '설교' 그리고 도덕적 훈계와 조언을

> 피하기 위해서 그들만큼 조심한다고 생각한다. 그러나 누가 진실로 도덕적으로 중립적이라고 장담할 수 있는가? 내가 보기에는 아무도, 즉 그들도 나도 그럴 수 없다. 우리는 우리의 은밀한 성찰과 판단이 누설되지 않도록 아무 말도 하지 않지만, 그럼에도 불구하고 그것들은 거기에 있으며, 우리는 우리 환자들의 직관으로부터 피할 수 없다는 사실을 확실히 살펴볼 수 있다.[4]

그러므로 목회상담을 행하는 과정에는 개인의 세계관, 작용적 신학, 신념체계, 가치관에 대한 목격자가 있는 것이다.

목회상담사의 성격에 대한 치료적 사용의 중요성과 그 상담사의 작용적 신학이 미치는 영향을 강조함에 있어, 다른 사람에 대한 사역을 시작하기 전에 개인의 모든 상처가 치료되거나 모든 악마가 다 변해야 하는 것은 아니라는 점을 유의할 필요가 있다. 그러나 만약 효율적인 목회상담 사역을 서서히 발전시키고자 한다면, 자기 자신의 삶의 그늘진 부분의 대속을 탐색하고 경험하는 순례의 길에 나설 필요가 있다. "자신의 근시안을 시력의 기준으로 삼지 말지어다."라는 Peter Taylor Forsyth의 간결한 표현은 상담사의 건강치 못한 작용적 신학의 역전이가 그의 내담자에게 부정적으로 영향을 미치도록 하지 말아야 한다는 것을 독특하게 서술한 것이다.[5]

목회상담사는 지도감독, 개인 치료, 저널 기록, 명상 혹은 기도이든지 간에 다양한 방법의 관상을 통해서 자기의 깊은 내면의 진정성에 꾸준히 이르도록 할 필요가 있다. 상담사는 우리 모두가 창조된 그 신적인 정체성과의 관계성 안에서 온전히 발견되는 개인의 진정한 정체성이 나타나는 것에 대해 계속 열려 있어야 한다. 한 신비주의 유대교 학파의 이야기는 자신 안에 깊이 묻혀 있는 이러한 영혼의 보배를 발견하기 위해 떠나는 여행이 얼마나 오래 걸리는지를 말해 준다.

이 이야기는 Cracow에 살았던 Yekel의 아들인 Isaac이라는 이름을 가진 랍비에 의해서 전해졌다. 이 나이 많고 약간 병약한 랍비는 3번이나 반복된 꿈을 꾸었다. 꿈에서는 프라하의 성에 이르는 다리 아래에 파묻혀 있는 보물이 있었다. 그 꿈을 세 번째 꾼 후에 랍비 Isaac은 지팡이를 짚고 프라하까지 가는 긴 여정을 출발하기로 결정하였다. 지치고 기진맥진한 그가 프라하에 도착했을 때 그는 궁으로 이르는 다리를 주야간으로 경비하고 있는 것을 보고 실망하였다. 꿈에 그 다리 아래에 묻혀 있다고 지시한 보물을 탐험할 아무런 방도도 생각할 수 없었다.

어떻게 해야 하나 깊이 생각하면서 그 지역을 돌아다니고 있을 때, 경비대장이 늙은 랍비를 발견하고 거기서 무엇을 하고 있는지 물었다. 랍비는 궁으로 이르는 다리 아래에 묻힌 보물 꿈을 반복해서 꾼 것을 이야기하였다. 경비대장이 웃으면서 "어리석은 양반 같으니, 몇 년 전에 나도 Cracow에 묻힌 보물 꿈을 꾸었습니다. 꿈에서 그 보물은 Yekel의 아들 Isaac이라는 이름을 가진 사람의 난로 아래에 감추어져 있었습니다. 아마도 Cracow 사람의 절반은 Isaac이라는 이름이고, 또 다른 절반은 Yekel일 겁니다. 당신의 꿈을 좇아가는 것은 참으로 어리석습니다."라고 말했다. 랍비는 미소를 지으며 돌아서서 Cracow에 있는 그의 고향으로 돌아오는 긴 여행을 시작했다. 그가 자신의 자그마한 집으로 돌아왔을 때에 난로 밑을 파 보았다. 거기서 보물을 발견하고 그는 그 돈으로 기도원을 지었다.

목회상담사의 원가족에서 기인하는 은혜의 장벽들

목회상담사는 원가족family of origin에 있어서 대인관계의 질이 건강한 의존에서 오는 어린 자기child-self 혹은 어린 자아child-ego 상태를 즐기는 것을 방해하기 때문에 자신들이 하나님의 사랑받는 자녀임을 경험하는 데에 종종 막혀 있다. 원가족에서 정서적으로 살아나기 위해서 그들은 어린 자기를 버리고 자기 가족에 대한 구세주적인 부모상의 반동형성을 발달시켰고 그와 같은 각본대로 동일한 구세주 역할을 일생을 통해서 반복하는 경향이 있다. 500여 명의 신학대학원생들이 기록한 원가족 보고서를 읽었던 적이 있는데, 나는 기독교 사역을 하고자 준비하는 사람들의 적어도 95%가 매우 실질적인 상처, 문제와 갈등을 이미 성격형성 시기에 가졌다고 믿게 되었다. 이렇게 어린아이 시기에 형성된 대상관계와 정신적 신神 표상의 발달이 그러한 개인들에게 예수 그리스도 안에서 좋은 소식을 주는 복음과는 아주 극명하게 다른 왜곡된 세계관과 작용적 신학을 남겨 놓은 것이 틀림없다.

교정적 정서 경험 혹은 그들의 삶 속으로 중요한 타인이 제공하는 치료 개입이 없이, 개인은 내면 깊숙이 감추어져 있는 굶주린 어린 자기와 함께 강력하고 희생하며 섬기는 역할을 성인기 내내 무의식적으로 반복할 것이다. 그러한 사람은 종종 자신만을 신뢰하고 중요한 타인을 신뢰하지 못하기에 은혜와 섬김을 받는 것을 두려워하도록 길들여져 있다. 그러한 유형은 자기 자신의 주인이 되도록 명백한 혹은 숨겨진 선행으로 인한 의롭다 하심을 통해서 구원을 얻는 자신만의 전략을 발달시키는 것을 배워 왔기에 예수 그리스도를 궁극적 권위와 구주로서 그리고 용납해 주시는 구세주와 구원자로서 경험하는 일에 열려 있지 못하도록 차단하는 경향이 있다. Karen Horney는 이러한 방어적인 유형을 감춰진, 상처입은 내면의 어린 자기에 대한 기본적인 불안을 가면으로 가장한 '신경증적 영광neurotic glory' 이라고 칭한다.[6] 이러한 유형에 갇힌 목회상담사는 자신의 '과거의 내면아이inner child of the past' 에서 오는 해결되지 않은 콤플렉스를 이해할 필요가 있다.[7]

내가 믿기에 가장 흔하게 나타나는 목회상담사의 역전이countertransference 문제는 자신의 가족사에서 기인하는 것으로 스스로 구원하는 구주, 그리스도, 대속자, 사랑하는 구세주가 되려는 경향이다. Igor Caruso는 다음과 같이 기록한다.

> '그리스도 원형(Christ-archetype)' 과 연관된 역전이가 분석가에게 있어서는 다른 콤플렉스의 역전이보다, 예컨대 어떠한 성적인 콤플렉스보다도 여전히 더 활발할 수도 있고, 아마도 훨씬 더

위험할 수 있는 듯 보인다. 우리는 소위 교육분석(training analysis)이 장래의 분석가가 자기의 성적인 콤플렉스를 의식화하도록 도울 뿐만 아니라 특히 실존적 통합의 건설적인 측면에 있어서 구원하고 구원받는 것을 향한 정체성을 구체화하도록 도와야 한다고 믿는다. 만일 분석가가 단순히 '분석해 없애 버리거나' 혹은 자기 내부의 '그리스도 원형'을 부인해 버리면 그는 자기 환자와 자기 자신 모두에게 위험을 자초할 것이다. 그가 구원자 부분에 의해서 지배를 받는 일이 쉽게 발생할 수 있는데 이 일이 내재적으로 남아 있게 될 것이며, 그것은 불합리한 방식으로 환자의 성격에 무의식적으로 전이될 것이다.

더구나 모든 환자는 그의 분석가에게 다음과 같이 다소 모호한 아이디어를 투사한다. 치유자는 치유를 갈망하는 사람과 자신을 동일시하게 되어 있다. 그는 신경증 환자와 신경증의 지옥까지 내려가고 그와 함께 다시 올라오기 위해서 자신을 희생하고 신경증의 짐을 대신 져야 한다. 분석가가 이 불분명한 희생적인 과정이 사실상 불가능하다고 생각하는 것은 거의 소용이 없는 일이다. 만일 분석가가 지속적으로 '그리스도 원형'을 의식적으로 세척하지 않는다면, 그는 구원자로서 자신의 역할에 갇히게 되는 위험에 처한다. 정신분석가의 무서운 유혹은 대부분의 경우 무의식에 남아 있던 사실에 의해 결코 쉽게 해결되지 않는데, 스스로 하나님이 되고 그리스도의 역할을 하려는 것이다. 다른 한편으로, '그리스도 원형'에 의해 인도되는 정신분석가는 치유자

> 와 '구원자(redeemer)'가 되어야 한다는 것이다. 만일 그의 내적 인 삶이 이러한 소명에 일치하지 못한다면, 그는 거짓 구원자가 될 것이다.[8]

이와 마찬가지로 Ana-Maria Rizzuto는 만일 정신적 신神 표상이 개인의 정신건강과 관련된 정서적 균형에 있어서 너무나 중요하다면 분석가들이 그들의 교육분석에서 자신의 정신적 신神 표상을 주의 깊게 보지 않아 온 것은 놀라운 일이라는 흥미로운 질문을 제기하였다. 그녀는 다음과 같이 기록한다.

> 최근 우리 분석가 세대는 훈련과정 중 심리내적인 균형을 위한 하나님 표상의 구체적인 공헌을 높이 평가하기 위해서 필요하다고 내가 생각하는 세밀한 이해를 얻지 못했다. 다른 많은 영역에서와 마찬가지로 만일 분석가의 개인분석이 자신의 종교적 신념 혹은 그것의 결핍을 다루도록 돕지 않는다면 이 영역에서 점검되지 않은 역전이의 반동으로 인한 위험이 생긴다.[9]

목회상담사의 거짓 그리스도로서의 직업적 역할은 어느 지점까지는 내담자에게 도움이 된다. 그러한 상담사는 내담자가 과거의 심리적 장애물과 우상숭배로부터 해방되도록 도울 수 있다. 그러나 그는 또한 내담자를 무의식적으로 누군가는 높은 차원이라고 말할 수 있겠지만 사실은 또 다른 우상숭배의 차원으로 이끌 수도 있다. Caruso는 심리치료 임상과정 중 메시아적인 암시가 있었다면서 이를 나타내는 꿈을 꾼 한 심리학자에 관한 흥미로운 이야기를 해 준다.

> 훈련기간 중 분석을 받고 있던 한 심리학자가 머리에 후광을 쓰고 자신이 메시아라고 확신하는 약간 초라하고 못생긴 Haifa에 사는 미용사에 대한 꿈을 꾸었다. 이 꿈의 내용 분석은 사람들을 치료하고 '구원하려는' 환자의 노력이 여전히 그가 실제로 도달한 발달 단계와 말도 안 되게 모순되는 상태에 있다는 것을 보여 주었다. 흥미로운 것은 심리학자가 아주 중요한 기간을 보내고 있었으나, 그는 결코 그의 소명과 관련한 책임에 대해서 어떠한 의식적인 불안도 성찰한 적이 없었다는 것이었다. 그는 심리치료의 문제를 '과학적'이라고 생각하는 저명한 심리치료사였다. 그의 무의식은 그에게 또 다른 교훈을 가르쳐 주었던 것이다.[10]

목회상담사에게 있어서 핵심적인 직업적 유혹과 위험은 타인을 위한 구세주, 치유자와 구원자가 되는 선행으로 스스로를 대속하려고 하고, 의롭게 하려 하고, 구원하려 함으로써 쌍둥이 우상숭배의 이차적인 양상의 삶을 산다는 것이다. 예를 들어, 목회상담사가 어린 시절에 결혼생활의 치유자, 가족의 중재자와 조정자로서 수행했던 역할은 부부 및 가족치료 상황에서 무의식적으로 반복될 수도 있다. 부부치료와 가족치료를 하는 데 있어서 초심자의 숨은 의도는 흔히 자신의 부모 관계를 개선시키고자 했던 욕구를 해결하려는 것임은 흔히 보는 일이다. 여기에는 목회상담사가 자신의 부모와 부모의 결혼생활을 대신하여 내담자와 내담자의 결혼생활을 더 행복하게 만들어 주고 성숙시키려는 은밀한 시도가 포함되어 있을 수도 있다.

불행하게도 대리부모의 결혼을 치료하는 데 있어서의 무의식적인 전략은 상담사의 상처 입은 어린 자기의 심층적인 욕구를 채워 주지 못한다. 목회상담사들은 내담자의 결혼생활의 문제들을 빨리 치유할 필요를 느낄지도 모른다. 왜냐하면 그러한 문제들은 부모의 결혼 갈등을 상기시킬 수 있으며, 어린 시절의 불안과 부모가 헤어지는 것에 대한 두려움을 부활시킬 수 있기 때문이다. 이로 인해 상담사들은 부부에게 그들의 갈등, 변화에 대한 저항, 그리고 갈등관계를 유지하는 데서 느끼는 만족감을 탐색하도록 허용하는 데 고통스러운 어려움을 느낄 수도 있다.

이 같은 생생한 사례가 한 목회자와 그 부인을 공동가족치료에서 상담하고 있는 목회상담사의 지도감독 회기에서 발생하였다. 그 목사는 결혼에 대한 그의 양가감정으로 힘들어하고 있었고, 그는 그들의 부부관계를 성찰하기 위해서 얼마 동안 부인으로부터 떠나 있고 싶은 그의 욕구를 몇 번 논의한 적이 있다. 매번 그 남편은 어느 정도 떨어져 있어야 할 필요성을 강조했으나, 상담사는 더욱 두 사람을 붙들어 놓고 '그들의 관계를 개선시키려고' 노력했다. 이 상황에서의 역전이를 탐색하는 데 있어서, 그 목회상담사의 지도감독자는 상담사에게 부부가 빈 의자에 서로 마주 보고 앉아 있다면, 상담사는 그 부부와 어떤 관계에 위치해 있는지를 상상하면서 부부에 대한 그의 관계를 조각해 보라고 제안했다. 그러자 조각을 하면서, 목회상담사는 그 자신이 두 의자 사이에 걸터앉아 각자에게 손을 벌려 부부를 함께 끌어당기려고 하는 자신을 발견하였다.

상담사는 그 남편이 가진 분리의 욕구가 상담사의 부모가 별거할 수도 있고 따라서 양쪽 부모 혹은 한쪽 부모라도 잃을까 두려워하였던 자신의 미해결된 아동기의 불안을 생각나게 하기 때문에 그것을 논의해 보는 자유를 허락할 수 없었다는 것을 순간적으로 깨닫게 되었다. 상담사는 부부를 함께 묶어 두려고 시도함으로써 자신의 불안에 대처하였던 것이다. 그가 이 부부와의 상담관계에서 자기 부모의 결혼생활에 있어서 행했던 자신의 역할을 반복하고 있다는 것을 깨달았을 때, 그는 자신의 통제를 포기하고 그 남편으로 하여금 분리를 탐색하는 데 필요한 공간을 허락할 수 있었다. 그 남편이 상담사에 의해서 더 이상 통제되거나 제한받는다고 느끼지 않을 때에 그는 그 관계를 떠나지 않고서도 결혼관계에서 자신의 독립의 욕구를 직접적으로 탐색하고 결혼에 대한 헌신은 물론이고 자신의 자율성에 대한 의식도 더욱 심화할 수 있었다. 그 과정에서 상담사는 그에게 도움을 받으러 온 부부들을 대리로 삼아 구원함으로써 자기 자신을 구하려고 애써 왔다는 점을 근거로 하여 그동안 그가 어떻게 부부치료를 진행하고 있었는지에 대해서 크게 깨달을 수 있었다.

두 가지 삶의 이야기들

성직자들이 목사로서 또는 목회상담사로서의 직업적인 역할을 하면서 어떻게 자신들의 우상숭배적인 역사를 살아 낼 수도 있는지 보여 주는 두 가지의 전형적인 패턴을 보도록 하자. 먼저 교구목사의 예를 보고, 그다음에 목회상담전문가의 예를 보도록 하자.

Stan Brady는 교인들의 압박으로 압도당하는 느낌을 종종 가지고, 결코 끝나지 않는 교구에 대한 책임으로 때때로 지쳐 있는 교구 담당 목사였다. 치료를 받기 전에 Stan은 자신의 교구목사로서의 역할이 얼마나 밀접하게 원가족에서의 그의 아동기 역할을 복제하고 있었는지 전혀 자각할 수 없었다. Stan은 미국 북동부 뉴잉글랜드 지역의 한 마을에서 형과 함께 성장했다. 그는 그의 가정에서 감정적인 욕구를 지닌 상처받기 쉬운 아이로 있는 것이 안전하지 않다는 것을 이른 나이에 배웠다. 그는 여섯 살도 되기 전에 그가 자신의 부모님에게 부모 역할을 해야 할 필요가 있다는 것과 부모님이 그를 이해하고 그의 정상적인 심리적이고 영적인 애정과 인정의 욕구를 채워 주길 기대할 수 없다는 것을 알아 버렸다. 그의 어머니는 실제와 가상에서 여러 가지 병으로 고통을 겪는 연약한 사람이었다. 어머니는 또한 어떠한 사소한 비판에도 지나치게 민감해서 아무라도 아주 가볍게라도 그녀를 불쾌하게 하면 즉각 울거나, 두통이 나거나 혹은 자기 방으로 들어가 버렸다. Stan은 자신의 형이 무관심하고 이기적이며 아버지는 엄마에게 위로가 되지 못하는 것처럼 보였기에 그가 어머니의 보호자가 되어야 한다고 느꼈다. 그의 아버지는 실제로 혹은 위협하기 위해 분노를 폭발시킴으로써 가정을 통제하였으며, Stan과 어머니는 둘 다 특히 이를 두려워하였다.

Stan은 그의 가정에서 어머니와 아버지 사이의 갈등을 막기 위해 중재자가 되려고 노력했다. 유치원 생일 때조차, Stan은 어머니가 아프지 않고 부모가 헤어지지 않도록 하기 위해, 부모에게 돌보는 사람, 치유자 그리고 상담사로서 기능을 하고 있었다. 아프고 허약한 어머니와 비판적이고 폭발하기 쉬운 아버지는 Stan이 어린 자기child-self의 어려움을 함께 나눌 수 있는 의지할 만한 권위자가 전혀 아니었다. 그는 생존을 위해서 자기 자신을 의지해야만 했다. 그를 지속적으로 사랑해 줄 사람이나 구원해 줄 사람은 없었다. 역동적인 의미에서 보면 Stan은 아동기에 가족 가운데서 스스로 어린이가 될 기회를 갖지 못한 채, 목회적인 돌보는 자의 여러 가지의 역할을 하였던 것이다.

Stan은 그의 책임으로 인해 압도당해 왔으며, 성인이 되어서까지 그러한 고된 패턴들을 수행하였다. 사역을 하는 데 있어서 그는 목사로서 그에게 부과된 끝이 없는 요구들로 인해 덫에 걸린 느낌이 들었다. 그는 언제나 상처받은 사람들을 돌보기 위해 노력하였으며, 교회생활에서의 갈등을 피하고, 그가 지치거나 낙심할 때는 복음을 선포하거나 가르쳤다. 그는 자녀를 더 갖자고 조르면서 압박감을 더해 주는 별로 양육적이지 않은 사람과 결혼하였다. 이것은 아직까지 어린아이 경험을 해 본 적이 없었던 Stan에게는 더 많은 정서적인 책임감과 경제적인 책임감을 의미하는 것이었다. 그렇게 사역과 결혼생활 모두에서 Stan은 내면적으로는 사랑과 지지에 굶주린 반면에, 그 밖의 모든 사람들에게는 어린 시절 그에게 부과되었던 부모 역할을 수행하면서 살아가고 있었다. Stan의 특별한 역동이 다른 성직자의 것과 다를 수 있지만, 이 목사의 경우 아동기 자아의 요구를 실현시켜 주지 않고 복음을 받아들이는 데 막혀 있도록 하는 성인기와 목회 현장에서 반복되는 내면화된 많은 패턴들이 존재한다.

두 번째 이야기는 간호사였던 중년기 내담자 Sheila에 관한 것이다. 그녀는 자신의 신학을 분명하게 말할 수 있는 적극적인 여신도였다. Sheila는 부모의 이혼으로 인해 관계를 상실하는 것과 어린 시절의 중요한 권위자로부터 멀어지는 것에 대한 신경증적인 두려움을 가지고 있었다. 그녀는 착하고 사려 깊고 친절하고 유익한 존재가 됨으로써 분리 불안을 피하는 데 사력을 다하며 살아왔다. 그녀는 다른 사람들에 대한 자신의 '민감성'을 스스로 거룩한 것으로 느끼는 신경증적인 자부심을 가지고 있었다. 그녀는 이러한 민감성이 온전히 사랑으로부터 발달된 것이라고 믿었으며, 이것을 자신의 가장 훌륭한 기독교인의 미덕이라고 명명하였다. 치료가 진행되면서 적절한 때에, 나는 그녀에게 자신의 정서적인 레이더가 자꾸 다른 사람을 향해 맞추어지는 것은 자신의 삶에서 중요한 사람들의 마음에서 그녀의 자리를 잃게 될까 봐 두려워하기 때문이라는 사실을 직면시켰다. 나는 그녀가 민감성 때문에 많은 칭찬을 받고 있는 것이 사실이지만, 그녀가 거룩하다고 느끼는 패턴은 신적이기보다는 오히려 악마적인 것으로 간주할 수 있다고 말했다. 우리는 이 역동이 어떻게 그녀가 자신을 주장하지 못하도록 자유를 구속하는 우상숭배적인 세계관을 형성했는지 논의했다. 나는 예수 그리스도 안에 계신 참 하나님은 그녀의 자기주장과 공격성을 포함한 그녀의 온전한 인간됨의 진실성에서 드러나는 거룩함을 더욱 긍정하신다고 넌지시 말하였다. 하나님은 그녀가 순종적이거나, 적응적이거나, 부드럽거나, 신경증적으로 민감하기를 요구하지 않으셨다.

나의 직면에 대한 그녀의 반응은 감동적이었다. "당신이 해석을 하기 시작할 때 나는 정말로 충격을 받았어요. 나는 당신이 우리 관계에서 굉장한 모험을 한다는 것을 깨달았어요. 그러나 당신이 당신의 관점을 말해 주자, 나는 당신이 나의 억압된, 하지만 진정한 자기를 볼 수 있도록 충분히 보살펴 준 첫 번째 사람이었다는 것을 알게 되었어요. 당신은 내가 있는 그대로의 나를 자유롭게 표현하고, 하나님을 포함한 관계 속에서 내가 자기주장을 해도 충분히 안전하다는 사실을 믿기 원했어요."

이 직면에 대한 나의 분석에서, 나는 내담자와 상담사의 작용적 신학이 상호작용할 수 있을 세 가지 다른 방식들을 인식하게 되었다.

1. **신들의 결탁:** 내담자와 상담사의 우상숭배적인 신념체계가 아주 비슷한 모습을 가지고 있어서 그들의 신들이 결탁하여 변화의 기회를 주지 않을 수 있다. 만일 내가 사람들에게 상처

주거나 관계를 상실하는 것에 대한 두려움으로 인한 기능을 하였다면, 나는 잠재적인 갈등을 직면하는 것에 대해 너무나 겁을 먹어서 그런 일은 일어나지 않았을 것이다. 그러면 나의 목회는 그녀의 신경증적인 거룩함에 대한 단지 또 다른 축원일 뿐이리라.

2. **신들의 직접적인 갈등:** 내담자와 상담사의 신념체계들이 정반대로 대립할 때 그들의 신들은 충돌관계에서 방어벽을 높이게 되어 변화의 기회를 막는다. 만일 내가 나의 의로움과 성공에 대한 욕구 때문에 나의 신념체계를 강요하여 구원에 대한 내담자의 방어 전략을 분쇄하는 일을 하였다면, 갈등과 더욱 큰 저항이 일어났을 것이다.
3. **신들의 건설적인 직면:** 내담자와 상담사의 신념체계들이 다르지만 거기에는 결탁도 갈등도 없다. 상담사는 내담자의 우상숭배적인 신념체계와 구원에 대한 방어 전략을 사용하려는 욕구를 사랑스럽게 지지한다. 그러나 상담사는 또한 기독교 계시에 있어서의 또 하나의 실재, 즉 기독교 계시 안에서 어떻게 나쁜 소식의 신들과 좋은 소식의 하나님이 직면하고 있는지를 지적할 수 있다. 목회자로서 나의 권위를 이용하여, 나는 Sheila에게 분리 불안을 느끼는 그녀의 신과 민감성과 친절을 표방하는 거짓 구세주와 직면시킬 수 있었다. 나는 어떤 피조물도 끊을 수 없는 사랑의 하나님과 비록 우리가 교만하고 거짓된 자기의 모습으로 거룩함을 가장할 때에도 사랑으로 우리를 결코 놓지 않는 구세주에 관해 증거할 수 있었다. 목회상담

사역에서 내가 증언한 신학을 그녀가 비록 긍정하지 않는다고 하더라도 나는 계속 그녀를 돌볼 수 있다.

Gerkin은 목회상담사의 이러한 심원한 역할에 대해 그가 이해한 바를 다음과 같이 표현한다.

> 여기에서 목회적 돌봄과 상담 사역을 위한 성육신 신학을 유비적으로 사용할 수 있는 새로운 가능성을 보게 된다. 십자가의 그리스도가 하나님의 최고의 비유였던 것처럼 우리 목회자들은 자신의 역사적인 실존의 문제들을 가지고 우리에게 도움을 청하러 오는 사람들에게 비유적인 모습이 되기를 추구할 수 있다. 비유적인 이미지 안에서, 질적으로 그들과 현존함으로써 그들의 삶의 신화적인 이야기들을 내부로부터 변화시키려고 하는 우리의 사역은 일종의 전복이 될 수 있다. 목회적 관계는 그 자체로 비유적이어서 다른 사람의 이야기에 새로운 급진전을 주며 그 이야기가 새롭고 생생한 가능성을 가질 수 있도록 해야 한다. 좋은 비유처럼, 목회적 관계는 일종의 강림 혹은 은사이며, 내담자의 세계를 역전시키고, 행동을 위하여 힘을 실어 주는 것일 수 있다. 그러나 또한 좋은 비유 형태에서처럼, 좋은 목회적 관계는 절대적이고 고유한 대문자가 아니라 소문자$_{\text{lower case}}$로 남아 있다. 다시 말해, 평범함 속에, 그 관계가 대표하는 인간적인 일상성 안에 남아 있다가, 때때로는 비범함, 즉 하나님으로부터의 은사를 드러낸다.[11]

지도감독

훨씬 더 복잡한 우상숭배적인 세계관과 현실의 도해들maps of reality은 목회상담의 지도감독supervision 과정에서 볼 수 있다. 지도감독자는 자신의 작용적 신학을 다루어야 할 뿐 아니라 목회상담사와 그의 내담자가 가진 현실의 도해들을 인식해야 한다. 예를 들어, 만일 지도감독자가 상처받기 쉬운 취약함을 약하고, 남자답지 못하고, 혹은 미숙한 것으로 보는 세계관을 가지고 있는 치료사와 그의 내담자를 다루고 있다면, 이렇게 잘못된 신념에 대한 지도감독자의 세계관과 신념체계는 매우 중요하다. 어떤 지도감독자들은 지도감독 과정에서 그들 자신의 상처받기 쉬움을 함께 자유로이 나눌지 모른다. 어떤 지도감독자들은 그들 자신의 상처받기 쉬움과 베들레헴 마구간의 아기 탄생에서 혹은 배반과 십자가의 죽음에서 하나님의 상처받기 쉬운 사랑을 신학적으로 연결시킴으로써 위로를 느낄지 모른다. 어떤 이들은 상처받기 쉬움에 들어 있는 부정적인 의미들만 탐색할지 모른다. 만일 지도감독자와 상담사, 그리고 내담자 사이에 결탁이나 충돌이 있다면, 내담자의 삶과 상담사의 상담 스타일에서 변화는 일어나지 않게 될 것이다.

목회상담 사역에서의 즐거움

목회상담 사역에는 다른 사람을 위한 치유자가 되고자 추구함으로써 자신을 스스로 구원하려고 하는 유혹이 있는 반면에, 또한 내담자와의 나와 너I-Thou의 만남 안에서 영원한 당신eternal Thou을 만날 수 있는 심오한 기회도 있다. 힘들고 큰 혼란을 겪고 있는 사람들과 일하는 순간에 매우 큰 불안과 고통을 느낄 수 있는 반면에, 또한 인간 삶의 지옥에까지 내려가신 예수 그리스도의 사역을 부분적으로나마 함께하는 인식이 있을 수 있다. 이러한 순간에, 목회상담사는 이것이야말로 자신이 부름 받은 소명이라는 것을 안다. 삶이 삶을 감동시키고, 마음이 마음을 감동시키고, 사랑이 사랑을 감동시키는 그러한 거룩한 시간은 인간의 삶에서 치유적 작업을 하시는 성령에 의해 쓰임을 받는다는 아름답고도 겸손한 경험이다. 목회상담사들은 때때로 그들에게 스승이며 그들 자신의 그림자 측면을 알려 주는 예언자들이기도 한 그들의 내담자들과 상호작용하면서 그들 자신에 관해 배우는 특별한 기회를 가질 수도 있다.

최근 목회상담 종결과정 중에 한 여성이 나에게 작별 선물로 '어느 정신과 의사의 죽음' 이라는 제목의 May Sarton이 쓴 시를 주었다. 이 시는 나에게 비록 우리가 치료 과정에서 전통적인 종교 언어를 전혀 사용하지 않을지라도 상담관계에서 우리가 가지는 특권은 말씀이 육신이 되는 것임을 웅변적으로 말해 준다.

어느 정신과 의사의 죽음

Volta Hall을 위하여

1

이제 오랫동안 빛나던 경청이 끝이 났다.

수치와 고통이 미묘하게 대치하던 곳에서

그의 환자들은 이 아버지를 그들 자신의 아버지로서 애도한다.

각 사람은 있는 그대로 모두 받아들여지고 온전히 이해되었고,

가장 깊은 곳까지 내려가 적나라한 욕구가 드러났다.

이제 오랫동안 빛나던 경청이 끝이 났다.

그는 벌거벗은 갓난아기를 위한 치유 구역이었다.

그 부르짖음이 들려졌고 분노는 거절되지 않았다.

각 사람은 그 자신의 아버지로서 애도할 아버지가 있다.

누군가 마침내 볼 때에, 그 수치가 사라지며

누군가 들을 때, 고통이 가라앉을 수 있다.

이제 오랫동안 빛나던 경청이 끝이 났다.

영적인 아이는 한 번 더 혼자서 출발한다.

그리고 상흔은 남아 있지만 깊은 상처는 마무리되었다.
각자 그 자신의 아버지처럼 애도할 아버지가 있다.

죄책감 없는 상실이 해처럼 빛난다.
그리고 사랑은 남아 있지만 깊은 상처는 마무리되었다.
각자 그 자신의 아버지처럼 애도할 아버지가 있다.
이제 오랫동안 빛나던 경청이 끝이 났다.

2

그것은 경청만이 아니라, 들어주는 것이었다.
그는 모든 중요한 말을 기억하였다.
그리고 그가 들었기에 각자 자신을 돌려받았다.

그렇게 경청하는 사람은 그저 듣기만 잘하는 것을 넘어선다.
그는 환자들과 함께 지옥에까지 내려간다.

그것은 경청만이 아니라 치유였다.
우리는 그것이 전적인 그러나 편견이 없는 반응,
거친 웃음, 분별 있고 동시에 풍자적임을 알았다.

그렇게 경청하는 사람은 그저 연민하는 것을 넘어선다.
영혼을 잃어버린 존엄성으로 회복시킨다.

그것은 경청만이 아니라 나눔이었다.
그리고 나는 기억한다. 어떻게 그가 시 앞에 그의 머리를
조아렸는지를. "다시 읽으라." 그는 말했다.

그가 줄 수 있었던 가장 풍부한 침묵 속에서
나는 그 시가 다시 태어나는 것을 보았고, 그것이 살아 있음을
알았다.

그것은 경청만이 아니라 존재였다.
우리는 그렇게 깊이 주름살지고 긴장된 얼굴을 보았다.
그 얼굴은 침착한 사고의 열정을 지니고 있었다.

그는 관심을 가졌기 때문에 들을 수 있었다. 그는 들을 수 있었기
때문에 아무 말 없이 안아 올리고, 나누고, 치유하였다.[12]

이러한 목회상담의 심리적이고도 영적인 사역은 나쁜 소식에 따라 살아가고 있는 사람들의 삶에 좋은 소식을 가져다주려고 하는 교회의 복음주의적인 추진력인 것이다. 목회상담사들은 사람들에게 그들 자신에 관해 나쁜 소식을 가르치는 거짓 신들에 대한 애착에서 벗어나 좋은 소식의 메시지를 전하는 궁극적인 참 권능이신 그리스도 안에서 하나님의 구원하시는 지식으로 인도하고자 애쓴다. 우리는 사람들을 그들 삶의 거짓 중심에 고착된 것으로부터 자유롭게 하여 살아계신 참 하나님의 사랑에 중심을 둔 진실한 마음

이 되도록 돕고자 애쓴다.

우리의 과제는 부분적으로 "자녀들아 너희 자신을 지켜 우상에게서 [하나님을 향한 너희 마음에 자리를 차지하는 어떤 것이나 모든 것으로부터, 너희 삶에서 최우선이 되는 하나님을 대신하는 어떤 것으로부터] 멀리하라."(요일 5: 21)고 말씀하시는 성서적인 권면을 실행하는 것이다. 신들과 씨름하는 이 과제는 때때로 힘든 일이다. 그러나 그것은 또한 사람들이 존재에서의 자유로 이끄시는 사랑의 하나님과 관련된 존재로서 그들의 진정한 자기를 발견할 때, 이는 잠재적으로 즐거운 일이다. 신학자 Tillich는 다음과 같은 말로 우리에게 도전을 준다.

> 그러나 당신은 그리스도의 메시지, 용서의 메시지와 새로운 실재의 메시지 안에 함축되어 있는 치유와 귀신을 축출하는 힘을 선포하고 말하여야 한다. 당신은 치유의 다른 방식들을 알아야 한다. 당신은 그것들과 협력해야 하지만 당신이 나타내려는 것을 대신하게 해서는 안 된다. 이 땅에서 치유와 귀신을 축출하기 위해 부름 받는 것보다 더 훌륭한 직업은 없다. 이 직업 안에서 즐거워하라. 부르심에 대한 부담으로, 혹은 치유받기를 원하지 않는 사람들을 다루어야 한다는 부담으로 우울해하지 마라. 당신의 소명 안에서 기뻐하라. 당신 자신이 병들었을지라도, 악마가 당신과 당신의 교회 안에서 역사할지라도, 당신은 궁극적으로 치유할 수 있는 것이 무엇인지를, 귀신들과 질병에 대한 그의 권능을 명백하게 나타내신 하나님 안에 있는 그를, 세상에서 치

유하는 권능을 나타내신 그를, 그리고 세상을 떠받쳐 하나님께 올려 드리는 그를 어렴풋이 알고 있다. 그의 메시지 안에서 기뻐하라. 이 기쁨을 취하라.[13]

미주

Chapter 1
신(神)들과의 만남으로서의 목회상담

1. Jane Howard, *Please Touch* (New York: McGraw-Hill, 1970), pp. 220-221.

2. Charles Gerkin, *The Living Human Document* (Nashville: Abingdon Press, 1984), p. 21.

3. Ibid., pp. 20-21, 198.

4. Lawrence E. Hedges, *Listening Perspectives in Psychotherapy* (New York: Jason Aronson, 1983).

5. Ibid., p. 1.

6. Gerkin, *The Living Human Document,* p. 144.

7. Steve de Shazer and Elam Nunnelly, "The Mysterious Affair of Paradoxes and Loops," in Gerald R. Weeks, *Promoting Change Through Paradoxical Therapy* (Homewood, Ill.: Dow Johns-Irwin, 1985), p. 252.

8. Wilfried Daim, *Depth Psychology and Salvation*, trans. and ed. Kurt F. Reinhardt (New York: Ungar, 1963), p. 134, Karl Jaspers 재인용.

9. J. V. Langmead Casserly, *The Christian in Philosophy* (New

York: Scribner' s, 1951), p. 42.

10. Earl A. Loomis, Jr., *The Self in Pilgrimage* (New York: Harper, 1960), p. 13.

11. Janet Surrey, *Self in Relation: A Theory of Women' s Development* (Wellesley, Mass.: Wellesley College, The Stone Center, 02181, 1985).

12. Daim, *Depth Psychology and Salvation*, pp. 110-138.

13. Thomas Merton, *The New Man* (New York: Farrar, Staus & Giroux, 1984), p. 141.

14. Howard Thurman, *Jesus and the Disinherited* (Nashville: Abingdon-Cokesbury Press, 1949), p. 50.

15. 1979년 5월 15일, Calvin Turley와 나눈 개인적인 대화에서 인용.

16. Ana-Maria Rizzuto, *The Birth of the Living God* (Chicago: University of Chicago Press, 1979); John McDargh, *Psychoanalytic Object Relations Theory and the Study of Religion* (Lanham, Md.: University Press of America, 1983). 이 두 책들은 정신적인 신神 표상의 문제를 다루기 위한 바탕으로 대상관계이론을 활용한 가장 훌륭한 입문서다.

17. Wilfried Daim, "On Depth-Psychology and Salvation," *Journal of Psychotherapy as a Religious Process 2* (January, 1955), p. 28.

18. Howard Halpern, *Cutting Loose* (New York: Bantam

Books, 1978), pp. 4, 6.

19. Edwin A. Hoover와 나눈 개인적인 대화에서 인용.

20. Paul Tournier, *Guilt and Grace*, trans. Arthur W. Heathcoate (New York: Harper, 1962), p. 69.

21. Walter Brueggemann, "Covenanting as Human Vocation," *Interpretation 33*. no. 2 (1979), p. 116.

22. Daim, *Depth Psychology and Salvation*, pp. 47-51.

23. John J. Higgins, *Thomas Merton on Prayer* (Garden City, N.Y.: Doubleday image Books, 1975), p. 62.

24. Thomas Merton, *Bread in the Wilderness* (New York: New Directions, 1953), p. 76.

25. Ivan Boszormenyi-Nagy and Geraldine M. Spark, *Invisible Loyalties* (New York: Brunner/ Mazel, 1984), p. 46.

26. 목회상담사 Rachel Martin의 임상 사례 자료에서 인용.

27. Tournier, *Gulit and Grace,* p. 69.

28. Thomas Oden, *The Structure of Awareness* (Nashville: Abingdon Press, 1969), p. 66. 우상숭배에 대한 뛰어난 통찰력이 이 책에 담겨 있다.

29. Ronald D. Fairbairn, "Observations in Defense of the Object-Relations Theory of the Personality," *British Journal of Medical Psychology 28* (1955), p. 156.

30. M. Scott Peck, M. D., *The Road Less Traveled* (New York: Simon & Schuster, 1978), p. 35.

Chapter 2

낙타가 가는 방향으로 올라 타는 것이 더 쉽다

1. Carol M. Anderson and Susan Stewart, *Mastering Resistance: A Practical Guide to Family Therapy* (New York: Guilford Press, 1983), p. 23.

2. Peck, *Road Less Traveled*, pp. 46-49.

3. Allen Fay, M.D.가 1976년 뉴욕에서 행한 연설에서 인용.

4. Virginia Satir, interviewed by Richard Simon in "Life Reaching Out to Life: A Conversation with Virginia Satir," *The Common Boundary 3*, no. 1 (1985), p. 4.

5. Milton Erikson and Ernest Rossi, "Varieties of Double Bind," *The American Journal of Clinical Hypnosis 17* (1975), p. 143.

6. Allen Fay, M.D., *Making Things Better by Making Them Worse* (New York: Hawthorn Books, 1978), pp. 25-26.

7. Harold Greenwald, "Direct Decision Therapy," *Voices 7*, no. 1 (Spring 1971).

8. Anderson and Stewart, *Mastering Resistance*, p. 8.

Chapter 3

결혼과 가족상담 안에 내재된 종교 드라마

1. Eric Berne, *A Layman's Guide to Psychiatry and Psychoanalysis* (New York: Grove Press, 1957), p. 16.

2. Robert Stahmann and William Hiebert, *Premarital Counseling* (Lexington, Mass.: Heath Books, 1981). 여기서는 결혼예비상담에서 원가족과 만나는 일에 대하여 탁월한 논의를 볼 수 있다.

3. Tournier, *Guilt and Grace*, p. 167.

4. Maurice Freedman, *The Healing Dialogue in Psychotherapy* (New York: Jason Aronson, 1985), p. 123.

5. Carl Rogers, *A Way of Being* (Boston: Houghton Mifflin, 1980), p. 23.

6. A. H. Maslow and Bela Mittelman, *Principles of Abnormal Psychology* (New York: Harper, 1941), p. 6.

Chapter 4

우울증이라는 '감기'에 관한 작용적 신학

1. Søren Kierkegaard, *Purity of Heart is to Will One Thing,* trans. Douglas Steere (New York: Harper, 1956), p. 169.

2. James L. Muyskens, *The Sufficiency of Hope* (Philadelphia: Temple University Press, 1979), p. 130.

3. David D. Burns, M.D., *Feeling Good: The New Mood Therapy* (New York: Williams Morrow, 1980), p. 21.

4. Burns, *Feeling Good,* p. 39.

5. Howard Thurman, *Meditations of the Heart* (New York: Harper, 1953), p. 36.

6. Friedrich Nietzsche, *Human, All Too Human: A Book for Free Spirits*, vol. 1, trans. Helen Zimmern (New York: Gordon Press, 1974), p. 82.

7. Percy Bysshe Shelley, *The Cenci.*

8. Søren Kierkegaard, *The Sickness Unto Death* (Garden City, N.Y.: Doubleday, 1954), p. 241.

9. Ibid., p. 240.

10. Paul W. Pruyser, "Anxiety: Affect or Cognitive State," in Seward Hiltner and Karl Menninger, eds., *Constructive Aspects of Anxiety* (Nashville: Abingdon Press, 1963), pp. 137-138.

11. Helmut Thielicke, *Between God and Satan*, trans. C. C. Barber (Grand Rapids, Mich.: Wm. B. Eerdmans, 1958), p. 6.

12. Thomas Merton, *Seeds of Contemplation* (New York: Dell, 1949), pp. 102-103.

13. Daim, *Depth Psychology and Salvation,* p. 59.

14. Helmut Thielicke, *Nihilism*, trans. John W. Doberstein (New York: Harper, 1961), p. 13.

15. Ibid., p. 146.

Chapter 5
자기정당화 대(對) 은혜를 통한 믿음으로 의롭게 됨

1. Le Roy Aden, "Pastoral Counseling and Self-justification," *Journal of Psychology and Christianity 3,* no. 4 (Winter 1984), p. 23.

2. C. R. Snyder, Raymond L. Higgins, and Rita J. Stucky, *Excuses: Masquerades in Search of Grace* (New York: John Wiley, 1983), p. 28.

3. Paul J. Tillich, *The Impact of Psychotherapy on Theological Thought,* Monograph of the Academy of Religion and Mental Health, (1960), pp. 4-5.

4. Reuel L. Howe, *Man's Need and God's Action* (Greenwich, Conn.: Seabury Press, 1953), p. 42.

Chapter 6
성육신적인 목회사역

1. The United Methodist Church, *The Book of Worship for Church and Home* (Nashville, Tenn.: The United Methodist Publishing House, 1964), p. 179.

2. Henri J. M. Nouwen, *The Wounded Healer* (Garden City, N.

Y.: Doubleday, 1972).

3. Donovan Hommen, "An Assessment of the Effects of a Laboratory-Training-Education Program in Bereavement Ministry Conducted by a Community Mental Health Center for Parish Clergymen," (Ph.D. diss., Boston University, 1972).

4. Paul Tournier, *A Place for You* (Richmond, Va.: John Knox Press, 1965), p. 85.

5. Peter Taylor Forsyth, *Positive Preaching and the Modern Mind* (London: Independent Press, 1907), p. 236.

6. Karen Horney, *Neurosis and Human Growth* (New York: W. W. Norton, 1950), pp. 23-27.

7. W. Hugh Missildine, *Your Inner Child of the Past* (New York: Simon & Schuster, 1963).

8. Igor Caruso, *Existential Psychology,* trans. Eva Krapf (Great Britain: Herder and Herder, 1964), pp. 164-172.

9. Rizzuto, *Birth of the Living God,* p. 210.

10. Caruso, *Existential Psychology*, p. 170.

11. Gerkin, *Living Human Document*, p. 176.

12. May Sarton, "Death of a Psychiatrist," *A Private Mythology* (New York: W. W. Norton, 1966), pp. 97-98.

13. Paul Tillich, *The Eternal Now* (New York: Scribner' s, 1963), pp. 64-65.

찾아보기

인 명

내 용

저자 소개

Merle R. Jordan

미국 보스턴 대학교의 목회심리학(Pastoral Psychology) 교수를 역임하였고, 현재 같은 대학교의 명예교수다. 미국 Claremont School of Theology에서 박사학위를 취득하고, 심리치료와 가족치료의 풍부한 임상경험을 바탕으로 보스턴 대학교의 임상상담기관인 Danielsen Institute의 소장직을 역임하였다. 주요 저서인 *Taking on the Gods*(1986)를 비롯하여 *Reclaiming Your Story: Family History and Spiritual Growth*(1999), *Addiction and Spirituality: A Multidisciplinary Approach*(1999), *The Spiritual Horizon of Psychotherapy*(2009) 등 목회상담의 신학적인 성찰뿐 아니라, 심리학과 영성의 통합적인 만남에 대한 왕성한 저술과 강연활동을 하고 있다.

역자 소개

권수영

현재 연세대학교 연합신학대학원 상담학과 교수이고, 연세대학교 상담 · 코칭지원센터의 소장직을 맡고 있다. 연세대학교 신과대학을 졸업한 후, 미국 보스턴 대학교와 하버드 대학교에서 각각 석사학위를 받고, 미국 GTU(Graduate Theological Union)에서 Ph.D.(종교와 심리학 전공)를 취득하였다. 현재 목회상담학 분야의 가장 오래된 국제학술지인 *Pastoral Psychology*의 편집위원이며, 한국기독교상담 · 심리치료학회의 감독회원 및 『한국기독교상담학회지』의 편집위원장으로 활동하고 있다. 저서로는 『프로이트와 종교』(살림, 2005), 『누구를 위한 종교인가: 종교와 심리학의 만남』(책세상, 2006), 『한국인의 관계심리학』(살림, 2007), 『기독[목회]상담, 어떻게 다른가요: 심리학과 신학의 만남』(학지사, 2007) 등이 있다.

신(神)들과 씨름하다

Taking on the Gods

2011년 1월 25일 1판 1쇄 발행
2024년 9월 25일 1판 6쇄 발행

지은이 • Merle R. Jordan
옮긴이 • 권 수 영
펴낸이 • 김 진 환
펴낸곳 • (주) 학지사
04031 서울특별시 마포구 양화로 15길 20 마인드월드빌딩 5층
대표전화 • 02) 330-5114 팩스 • 02) 324-2345
등록번호 • 제313-2006-000265호

홈페이지 • http://www.hakjisa.co.kr
인스타그램 • https://www.instagram.com/hakjisabook/

ISBN 978-89-6330-552-3 93180

정가 13,000원

역자와의 협약으로 인지는 생략합니다.
파본은 구입처에서 교환하여 드립니다.